Essen mit der Krise

Lebensmitteltrends und Rezepte

@lostpostings:
Essen mit der Krise

Lebensmitteltrends und Rezepte

Klaus-Jürgen Holstein

© 2020

Herstellung und Verlag:

BoD – Books on Demand, Norderstedt

ISBN 9783751905428

Auf der Suche nach neuen Rezepten

„Nun ja, Lebensmittel leben davon, dass sich unsere Art zu essen ständig ändert. Ohne Neuheiten könnte diese Branche nicht existieren", sagt Benny der Fotograf, der seit Jahren eben Lebensmittel und besonders leckere Gerichte im Bild festhalten darf."

„Und alles Neue ist mit dem Versprechen verbunden, dass es eben auch wesentlich besser ist. Das wird ja als Rechtfertigung des Neuen herangezogen. Und ich bin ja auch so ein Idealist, der darauf hofft, dass es den wirklich besseren Weg gibt, einen Qualitätssprung, nicht nur einen neuen Geschmack."

Und Olga wirft ein, „das ist ja genau die Frage: was wirklich besser ist und was nur als besser hochgejubelt wird, damit man ein Verkaufsargument hat."

„Einiges ist doch wirklich besser", beteiligt sich Caroline „ich bekomme so viele Produkte ohne Gluten, die endlich auch schmecken und dass die Menschen jetzt mehr Rezepte mit weniger Fleisch entdecken, ist ja nun auch nicht verkehrt. Schließlich ist ja nun wirklich nicht gut, wenn wir mit unserer Art zu essen, die Umwelt mehr belasten als für alle gut ist."

„Da kommt er wieder dieser Punkt: ist essen eine moralische Frage? Liegt es an mir als dem einzelnen, dass in Zukunft alles richtig wird? Mir kommt das vor wie die alljährliche Offenbarung in den Magazinen, dass man als Vorsatz fue Jahr eine neue Diät braucht, eine die wirklid die schlank, schön und glücklich macht. Usen ja alle, was davon bleibt." Mit diesen WorMareike für Nachdenken.

„Also halten wir uns einfach mehr an Beobachtungen ohne zu große Bewertung. Es bleibt uns ohnehin nicht anderes übrig als unsere Zeit weiter zu begleiten und möglichst von vielen Seiten her anzugucken."

„Ich frage mich oft, was denn wäre, wenn etwas geschieht, was wir so überhaupt nicht auf der Uhr haben", kitzelt Benny die Runde. „Ich möchte ja keinen Teufel an die Wand malen, aber es gibt ja auf unserer Erde so manchen Faktor, der das Zeug dazu hätte, alle Planungen und Vorausberechnungen über den Haufen zu werfen: ein größerer Krieg, eine Finanzkrise, eine Klimaverschiebung, der Ausbruch von Epidemien – eben Dinge, die plötzlich die Berechenbarkeit einfach über den Haufen werfen…."

Damals in Barcelona

Einige Jahre ist es her, dass Benny, Caroline und Jan sich kennengelert haben. Damals experimentierten sie gerade recht frisch mit einer anderen und neuen pflanzlichen und teilweise veganen Ernährung. Chiapudding war noch recht neu, was sie aber nicht daran hinderte damals am Hafen bei der Fotosession trotzdem genüsslich die dortigen Burger zu verspeisen. Nun ja, der klassische Burger hatte ja immer schon etwas Salat und eine Tomatenscheibe für´s gute Gewissen und in seiner etwas hochwertigeren Form hat er sogar den Ruf des schlechten Fast-Food hinter sich lassen können.

Die vegetarischen Varianten steckten damals noch in den Kinderschuhen: Weiche Gemüsebratlinge und natürlich schon die klassischen Getreide-Bratlinge, aber eben alles doch sehr speziell im Geschmack und für Eingeschworene schon rein geschmacklich schon keine Konkurrenz zum klassischen Fleisch-Burger.

Das sollte sich ändern, aber das konnte man damals noch nicht voraussehen. Pflanzliche Ernährung schmeckte in manchen Teilen noch immer ein wenig nach Verzicht und Kompromiss. So war das halt und trotzdem sah Caroline für sich nichts anderes und irgendwie ging es auch schon so. Vielleicht eben nicht wirklich lecker.

Carolines Blog: Anders essen!

Liebe Leserin, ich bin keine Ärztin und keine Ernährungsberaterin, eher eine Frau mit offenen Augen und Mutter eines Sohnes. Ich will keiner von euch sagen, was die letzten Weisheiten sind, was wirklich gesund macht oder den Körper verbessert. Mich treiben eher die Fragen herum: Unsere Gesellschaft geht mit der Erde, Natur und Ressourcen so um, als hätten wir noch zwei weitere Erden-Planeten im Vorrat, die wir auch noch auspowern könnten. Wir ernähren uns mit über 7 Milliarden Menschen so als wären es nur 2 Milliarden. Und wir haben noch Kinder und Enkel auf dieser Erde, die dort mit noch mehr Menschen leben wollen. Wie machen wir das?

Viele Baustellen: Weniger CO_2, weniger Fleisch, weniger ungenutzter Plastikmüll, weniger Vergiftung der Natur. Nein, diese Aufgaben sind zu groß, um sie durch alltäglichen individuellen Verzicht, durch gutes Vorleben zu lösen. Wir müssen den nötigen Wandel verstehen und entsprechend umsetzen in Politik, in Regeln, in Wirtschaften, in Landwirtschaft, in Lebensmittel...Hört bitte auf, euch ein schlechtes Gewissen zu machen, wenn ihr immer noch eine Plastiktüte beim Einkaufen mitnehmt, aus Gründen der Hygiene manche Waren lieber verpackt kauft. Die Welt wird nicht in der Küche, am Esstisch oder im Supermarkt gerettet, sondern dort, wo man die Spielregeln und die Mechanismen dafür festlegt.

Allerdings kann ich euch eine Sache versprechen: Es geht hier am allerwenigsten um Verzicht. Wenn wir nach solchen Leitlinien leben könnten, das wäre für uns alle sehr lecker, gesund für unseren Körper und eine richtig gute Sache.

Hasselbrookstraße, Hamburg

Der Fotograf Benny hat gerade am späten Abend, nachdem er stundenlang wieder Fotos nachbearbeiten konnte, Lust von seinen alten Freunden zu hören und denkt sich einen Anlass dazu aus. „An die Casa Bonay-Connection, ihr Lieben, frage mich gerade, was ihr so treibt. Ich retuschiere gerade ein paar Teller, sehe die Fotos meines neuen Burger-Kunden durch und frage mich, was bei euch so ansteht. Caroline, bleibt dir neben dem schon etwas größeren Matz noch der Nerv ab und zu etwas zu posten? Und hastet dein Kay im Moment nur der Produktion von pflanzlichen Drinks hinterher. Und ja Jan, was treibst du mit deinem Netzwerk? Deine holländischen Artikel sehe ich ja nie… Gibt es schon wieder neue Szene-Trends aus Amsterdam, oder wenigstens ein paar interessante Erkenntnisse deiner dänischen Freunde Olga und Hendrik? Und überhaupt… was entwickelt Mareike denn im Moment? Irgendwie glaube ich, dass sich da draußen viel verändert. Ihr wisst das vermutlich viel besser als ich. Wäre nett, ihr würdet mich vielleicht auf dem Laufenden halten. Selbst nach meinem reichlich fachfremden Blick durch die Fotolinse scheint sich in Sachen Essen so einiges zu tun…"

9

Irgendwo am Rechner und auf Recherche unterwegs

Wie konnte sich Jan da nur selbst so hineinreiten? Er hatte als sicher leicht alternativ angehauchter Stadtteil- und Szene-Journalist diesmal für einen wirklich großen Industriekunden die Rechercheaufgabe angenommen. „Wie wird sich die junge Generation in zehn und in zwanzig Jahren ernähren?" Alle Zahlen, die es dazu geben konnte hatte er längst auf dem Tisch: Immer mehr Mahlzeiten werden allein eingenommen. Ob nun die Hauptmahlzeit mittags oder abends Platz hat wird mehr und mehr zur Frage der jeweiligen Lebensumstände. Die Lieblingsessen? Die wechseln etwas, aber das Mitleid mit Tieren diktiert manchmal auch den Speiseplan.

Aber die spannende Frage bleibt ja: „Was steuert das Ganze? Woher nehmen die das, woran sie sich orientieren?" Dazu entschließt sich Jan, den Kontakt zu ein paar Schulklassen und ihren Lehrern aufzubauen. „Oh shit, bis die wirklich mit einem reden, das dauert. Und was von dem Gelaber, was die so zwischendurch ablassen, ist denn wirklich ernst zu nehmen?" Die leben in Welten, die weit weg sind. Einige der Mädels schwärmen für südkoreanische Boy-Groups und das, was sie für deren Leben halten, ohne zu wissen, was dies wirklich bedeutet. Einige der Welt japanischer Mangas ohne die Hintergründe dieser Kultur auch nur zu erahnen. Da scheitert jeder Versuch einer systematischen Information. Bleibt ein riesiges und schwer kalkulierbares Universum von Möglichkeiten. Die Konsequenz: Wir leben impuls-gesteuert. Mahlzeiten und Essen nach dem

Lustprinzip. Das Bild der gemeinsamen Mahlzeit: Nie vorhanden und damit auch nicht als Verlust empfunden, wenn es anders kommt. Keine festen Regeln, nicht einmal für das Besondere.

Und dann immer noch das große Thema, das Jan seit den „Fridays for Future" viel mehr gepackt hat. Jetzt erinnert die nächste Generation der Schüler all die altersmäßig über ihnen daran, dass vor allem der Klimawandel nicht darauf wartet, dass die Menschheit sich später einmal dazu durchringt, vielleicht doch den Planeten zu retten.

Sobald so ein Thema wie Ernährungsstil bei Jan auch noch an die eigene Geschichte appellierte, an seine Erfahrungen mit der glutenfrei lebenden Mette, ihn an all die Menschen in seinem Umfeld mehr als erinnert. Er hat sich aus dieser Welt, zumindest, was das eigene Leben angeht, aus dieser Welt schon etwas herausgearbeitet.

Was die Jüngsten antreibt, hatte ihn viel zulange selbst beschäftigt. Was neben der Lust und dem Schick-Effekt dann auch noch arbeitet: der Wunsch nach Selbstoptimierung, schöner Figur. Und auch hier gerne von außen gesteuert und mit einem offenen Universum von Möglichkeiten. Um es altmodisch auszudrücken: Scheinbar freie Auswahl der eigenen Wurzeln. Klingt also etwa so, als sollte Jan die Moden des nächsten Jahrzehnts voraussagen. Der möglichen Auswahl von Superfoods und neuen Zutaten von Energie und Protein steht nicht einmal ein Halbwissen gegenüber. Ein symbolisches Beispiel ist Chiapudding in jeder Form. Gequollene Chiakörner gelten als chic, obwohl diese Zutat nach Meinung der Lebensmittelaufseher in Europa als noch unerforschtes Lebensmittel klassifiziert wird mit dem Hinweis, nur begrenzte Mengen davon zu essen. Interessiert aber in der Zielgruppe niemanden. An die Stelle der Mahlzeit aus Fleisch, Gemüse und Beilage tritt der Alles-in-einem-Burger. Der wiederum sowohl mit Fleisch wie Fleischersatz und allen möglichen Zutaten. Wahlweise auch ohne Brötchen, oder wiederum mit Pommes Frites als zusätzliche Beilage. Etwas günstiger gäbe es dann noch Variationen auf asiatische Nudeltöpfe. Der klassische Salat eher etwas für die sehr Bewussten, aber auch der gerne mit Geflügel wieder komplettiert.

Die letzte Entscheidung darüber, was heute gegessen wird macht eine Mischung aus Geschmack und Angebot aus. Die Chancen für Prägung und bewusste Steuerung verteilen sich graduell anders als in früheren Zeiten. Der Trend zu Ganztags-Krippen und –Schulen kombiniert mit der Tatsache meist berufstätiger Eltern geben – vor allem in den städtischen Zentren - dem miterziehenden Umfeld viel mehr Einfluss. Eine starke Prägung durch Familie und Herkunft gibt es nur dort, wo dieser Zusammenhalt täglich gelebt wird in den kleinen Vorstädten, auch auf dem Lande und in sonstigen Gruppen mit starkem Zusammenhalt. „Alles megakompliziert."

Auf dem Lande essen die Kinder ganz nach der in der Region üblichen Küche in der Familie – also nichts Spektakuläres, aber da, wo die beiderseits berufstätigen Eltern zu Hause sind, fehlt diese Übung schon ziemlich deutlich. Man kann froh sein, wenn die Familie täglich dann noch für eine gemeinsame warme Mahlzeit zusammenkommt.

De Pipe, Amsterdam

An eine gemeinsame Mahlzeit mit Mareike war im Moment auch nicht zu denken, denn die hatte ihm nur kurz etwas von einem sehr vertraulichen Geheimprojekt erzählt, dass sie in die Nähe von Antwerpen geführt und worüber sie selbst mit ihm – zumindest derzeit - nicht reden dürfe. So tröstete sich Jan dann zwischendurch einfach mit dem einen oder anderen Chiapudding und wandte sich seiner Recherche zu.

Obwohl – mit Chia, Basilikumsamen oder anderen Samen gibt es heute ja auch schon fertige Drinks für unterwegs. Auch hier wird das Angebot eben praktischer.

Ein-herz-fuer-bio.org

Die aktuelle Nestle-Studie fasst eine Fülle von bestehenden Eindrücken mit deutlich sprechenden Zahlen, die die Ernährungsveränderung der letzten zehn Jahren in Deutschland vor Augen führt: „Vor zehn Jahren legten noch 55 Prozent der Befragten Wert auf mindestens eine warme Mahlzeit am Tag. Heute sind es nur noch 45 Prozent. Ähnlich stark verliert der Mittag als wichtigste Mahlzeit des Tages. 2009 sagten noch 47 Prozent der Menschen in Deutschland, dass ihre Hauptmahlzeit mittags auf den Tisch kommt. Heute sind es nur noch 39 Prozent. Damit liegt das Mittagessen in der Bedeutung fast gleichauf mit dem Abendessen, das 38 Prozent erreicht." Die aktuellen Daten dokumentieren die Fülle der Verschiebungen im Verbraucherverhalten: „Vor zehn Jahren aßen 54

Prozent der Befragten mittags zuhause. Und heute? Da sind es nur noch 42 Prozent." Das hergebrachte Bild der Ernährung hat sich ebenso gewandelt wie die Haushalte, in denen es stattfindet: „Montags bis freitags verbringt nur noch jeder Zweite sein Mittagessen in Gesellschaft und nur 39 Prozent der Befragten frühstücken gemeinsam mit anderen." „Immer weniger Menschen kochen jeden Tag

„Achteten seiner Zeit noch 62 Prozent der Befragten auf feste Essenszeiten, sind es heute 52 Prozent. Gleichzeitig stieg die Zahl derer, die dann essen, wenn sie gerade Zeit oder Hunger haben von 24 auf 34 Prozent. Das macht sich auch in der Küche bemerkbar. Nur knapp die Hälfte der Bevölkerung (52 Prozent) kocht jeden Tag. 2009 waren das noch 62 Prozent"

Viele dieser Verschiebungen sind schlicht ein Spiel der veränderten Lebensumstände, aber es wäre falsch, sie nur zu beklagen, denn bei alledem ist das Bewusstsein für gute Ernährung und die Sensibilität dafür auch gestiegen: Immer mehr Menschen fühlen sich "zerrissen zwischen hohen Ansprüchen und Alltagsstress – Gesund essen und trinken – aber mit möglichst wenig Aufwand. Das ist die Herausforderung, vor der die Menschen in Deutschland heute zunehmend stehen. Denn auf der einen Seite wachsen die Ansprüche an das Essen. Es soll gesund, frisch und von hoher Qualität sein. Auf der anderen Seite bleibt im Alltag immer weniger Zeit fürs Kochen und Genießen.

Der Wunsch, „sich gesund zu ernähren", ist in den letzten zehn Jahren von 52 auf 55 Prozent gestiegen.

Doch wie schafft man es, sich gesund zu ernähren? Für immer mehr Menschen lautet eine Antwort darauf, dass Essen frisch zubereitet wird. Ihr Anteil ist innerhalb von zehn Jahren um 13 Prozent gestiegen. Bei Müttern sind es sogar 33 Prozent mehr. Jeder Zweite in Deutschland kocht, „um zu wissen, was im Essen drin ist". 2009 waren das noch 41 Prozent."

Wo liegen die Ursachen für die Veränderungen? Zunächst einmal hat sich das Leben auf der faktischen Ebene geändert: Der deutlicher erhobene Anspruch von Eltern auf einen Krippen- und Ganztagsschulplatz für Kinder, die damit gekoppelten Arbeitszeiten der Verdienenden, das alles löst traditionelle Tagesläufe und Essgewohnten auf.

Die in der Ernährung viel diskutierten Umbrüche etwa zu mehr veganer und vegetarischer Ernährung kreuzen sich mit den Resten traditionellen Rollenverhaltens von Frau und Mann: „Zum Beispiel gehören für 48 Prozent der Frauen Obst und Gemüse zur Ernährung einfach dazu. Aber nur jeder vierte Mann, also 27 Prozent, sieht das genauso. Männer sind dagegen Fleischesser. 57 Prozent genießen mindestens viermal pro Woche Mahlzeiten mit Fleisch. Bei den Frauen sind das nur 30 Prozent." Allerdings muss man sich bei all dem dessen bewusst sein, dass auch heute Frauen noch immer die Hauptadressaten für Einkauf und Ernährung sind. Der Wunsch nach gesunder Ernährung ist zunehmend vorhanden, aber sehr stark das Verlangen nach Zeitersparnis. Grundlegende Umwälzungen finden nur bescheidene Zustimmung, etwa die Ernährung mit Insektenprotein: dafür könnte sich gerade einmal 5 % begeistern.

Eine andere Erkenntnis zur gesunden Ernährung bringt uns zum Nachdenken: Der Wunsch nach besserer und gesünderer Ernährung entwickelt sich immer mehr schichtenspezifisch. Die Zustimmung dazu ist bei Besserverdienenden heute über 30% höher. Gegenüber den Werten vor 10 Jahren von 10% weniger Abstand. Gute, gesunde und funktional positive Ernährung scheint immer mehr ein Thema für diejenigen zu werden, die es sich leisten können. Da deutet sich eine neue Teilung in der Ernährung an. Die Zahlen zum Thema Gesundheit in der Ernährung finden sich auch bei der Zustimmung zu Bioprodukten oder fairem Handel.

In diesem Bereich beziehen sich die Zahlen vor allem auf einen Teilbereich der Verbraucherwünsche. Die Zahlen bestätigen Trends, die bislang nie so klar abgefragt wurden: unter den Befragten ist die Zahl derer, für die Bioqualität wichtig ist, gestiegen- allerdings kommt es ihnen nicht mehr in erster Linie darauf an, ein möglichst breites Biosortiment zu erhalten. Es geht mehr um gezielte Produkte, die man sich für eine gesunde Ernährung und funktional positive wünscht. Eine sehr wichtige Erkenntnis für die Sortimentsarbeit des Handels und natürlich eine gute Leitlinie für Hersteller und ihre Angebote.

Und dann aber doch noch einmal die äußerst bittere Erkenntnis, dass gerade in diesen Bereichen die Zustimmung stark vom sozialen Status der Verbraucher abhängt. Bei den Besserverdienenden steigt die Zustimmung zu Bioprodukten nahezu auf das Vierfache gegenüber den Geringverdienenden.

De Pipe, Amsterdam

Für Jan gab es über Tage jetzt hauptsächlich abwechselnd Kaffeepott und Chiapudding und da war er froh, dass auch Mareike zwischendurch mal wieder aufgetaucht war und zwischendurch auch Miene macht, selbst die gemeinsame Küche zu bevölkern. Denn wenn man so täglich wie er nur in Strukturen und Daten badet, dann verkümmert erst einmal die Fantasie und der Spirit für den kreativen Teil des Kochens. „Warum wird in manchen Kreisen immer noch so getan, als würden die Menschen essen wie früher: Ein ausgedehntes und abwechslungsreiches Frühstück. Noch ein richtiges Mittagessen, vielleicht sogar mit Vor- und Nachspeise und dann abends das Abendbrot. Alles Fiktionen, die der Alltag und das Arbeitsleben durchkreuzt."

Chiapudding geht einfach

Auf 500 ml vegetarische Milch aus Mandeln oder Hafer rechnet man rund 5 – 6 Esslöffel Chiasaat, die man ein paar Stunden weichen lässt. Für die einzelne Portion in Schale oder Glas entnimmt man etwa zwei Drittel bis drei Viertel der gewünschten Endmenge dazu und gibt nun Fuchtsaft und frische Früchte dazu. Das ist das Grundrezept. Intensiv schmeckende Säfte wie rote Johannisbeere, Cranberry etc. eignen sich als Fruchtzugabe besonders, von anderen Fruchtarten wie Erdbeere sind Smoothies das Mittel der Wahl. Jetzt noch je nach Geschmack und Saison ein paar frische Früchte dazu und die Mischung ist fertig. Liebhaber der Dekoration verzieren ihre Gläser in den Sichtbereichen

mit Scheiben von Erdbeere und Kiwi und anderen dekorativen Fruchtzutaten. Dem Design sind hier keine Grenzen gesetzt.

Man sollte eben wissen, dass Mandelmilch einen deutlichen höheren Fettgehalt aufweist als Hafer und vielleicht auch daran denken, dass Fruchtzucker über einen Saft als Zutat eben auch Zucker ist. Aber ansonsten gibt es keine festen Regeln außer dem individuellen Geschmack.

Trotzdem ist Jan froh, dass Mareike´s Küchenaktionen mal wieder etwas Abwechslung in die Recherchewoche bringen möchte. Endlich wieder die wunderbaren Gemüse-Bowls, die Mareike einfach auch sonst mit so viel frischen Kräutern einfach lecker und sättigend zaubert.

Mareikes Kirchererbsen-Bowl

Als erstes dünstet Mareike, zwei Zucchini, eine rote und eine gelbe Paprika in Olivenöl zusammen mit zwei fein gewürfelten Zwiebeln und drei Knoblauchzehen so an. Dass Zwiebel und Knoblauch glasig gegart sind und das Gemüse noch knackig. In die vom Garen noch heiße Pfanne werden für zwei Personen 220 g fertige Bio-Kichererbsen aus dem Glas, gut abgetropft gegeben und können dort ziehen.

Für die Marinade wird eine reife Avocado in Zitronensaft zu einer Paste zerdrückt, mit Salz und Pfeffer abgeschmeckt und vor dem Servieren in die Bowls verrührt. So verbindet sich die sparsame Marinade mit dem Gemüsesud. Jetzt noch frische Gartenkräuter hinzugeben und fertig sind leckere Bowls.

Und noch viele Rezepte für Bowls

Als Basis für unsere Bowl stellen wir aus stark ausgedrückten geraspelten Zucchini, Karotten, gewürzt mit Koriander, Schwarzkümmel, etwas Salz und Curry, dann etwas Mehl und einem Ei (Veganer verwenden die entsprechenden Alternativprodukte) einen etwas festeren Teig her, der zu kleinen runden Bällchen geformt wird und in geröstetem Sesam gerollt wird. Sesam etwas andrücken. Danach die kleinen Bällchen in Sesamöl kräftig und richtig knusprig braten.

Kleiner Tipp: Immer wenn wir als Ersatz für die Bindung Guakernmehl einsetzen, müssen wir die Gewürze etwas kräftiger dosieren.

Noch ein Tipp: wenn man so etwas mag, kann man sich einfach einen Vorrat an Bällchen herstellen und einfrieren. Ein guter Vorrat für eine schnellere Bowls.

Wir nehmen für eine Bowl eine halb nicht zu weich gekochte Sellerie und schneiden sie klein, pro Portion geben wir zwei in dünne Scheiben geschnittene Stangen Staudensellerie hinzu sowie zwei ebenfalls klein geschnittene Chicorée. Dazu passen jetzt wunderbar die vorbereiteten Sesambällchen. Für die Bowl geben wir der gesamten Mischung noch eine kleine Handvoll etwas zerkleinerter Cashewnüsse hinzu.

Ein Dressing stellen wir speziell für diese Bowl jetzt aus einer Grundmasse veganer Mayonnaise mit Zitronensaft her. Dazu geben wir etwas geraspelte Muskatnuss und Curry.

Trotz der Avance, die durch den Magen wie Liebe geht, empfindet Jan in diesen Tagen seine

Lebensgefährtin Mareike als nicht sehr gesprächig. Er soll sich mit der Andeutung zufriedengeben, dass sie an einem streng vertraulichen Entwicklungsjob zu knacken hat und wohl auch selbst noch nicht so recht weiß, was sie davon halten soll. Wenn man etwas nur erraten oder sich ausmalen kann, dann blüht die Spekulation. Auf der anderen Seite kennt Jan aus eigener Erfahrung nur zu gut diese Qual, wenn man nicht weiß, wie man eine Recherche anpacken soll und was dabei herauskommen könnte. „Also lassen wir sie besser in Ruhe", beschloss er erst einmal bei sich.

Hamburg, Brodschragen

Die Chance lassen sich Jan, Benny und Olga nicht entgehen. Sie sind für ein paar Stunden gleichzeitig in Hamburg und da gibt es unweit der Innenstadt so manch eine Oase, wo man in aller Gemütsruhe seinen Kaffee schlürfen kann und reden. Obwohl: von Gemütsruhe kann keine Rede sein: Jan knackt immer mehr an seinen Recherchen, Benny sitzt manchmal Wochen in seinem Studio und wartet auf Aufträge… Olga plagen dagegen nur kleine Sorgen. Sie hat bei aller Liebe manchmal ein wenig Heimweh. Obwohl ihr Café in Kopenhagen eigentlich gut läuft und die Beziehung zu Hendrik ebenfalls. Nein, Kopenhagen kann ihrem früheren Wohnort Berlin durchaus das Wasser reichen. Aber selbst, wenn man mit einem waschechten Dänen zusammenlebt, ist alles eine echte Eingewöhnung, zumal in einem solchen Szenecafé die persönlichen Kontakte das A und O sind.

Benny hat auf einen Sprung Sharon mitgebracht, eine

jugendlich-sympathische Bloggerin aus Hamburg, weil er es witzig findet, einmal von ihren Träumen zu hören. Wer sich Sharons Instagram-Auftritt anguckt, versteht zunächst nur wenig. Sie postet hauptsächlich schöne Porträts von sich und in den Bildern wenig Inhalt. Aber ihre Stories haben es in sich: da empfiehlt und verkauft sie. „Ich arbeite hart an meinem Verkauf. Stelle meine Angebote den Leuten persönlich vor und habe inzwischen eine Reihe Partner, die das ebenfalls tun. Ich werde bald viel, viel Geld verdienen." Etwas verwundert hören sich die Freunde die Schilderungen der Bloggerin auf dem Weg zum Erfolg an. Solchen Erfolgstories könnte man ewig zuhören. Aber wie kann man es selber besser machen? Olga hatte ein paar freie Tage in ihrem Café im beschaulich bürgerlich-alternativen Stadtteil Frederiksberg dazu genutzt, eine alte Freundin in Dresden zu besuchen, die ebenfalls in einem Biocafé mitarbeitete.

Dresden, äußere Neustadt

Als Olga am Neustädter Bahnhof ausstieg, kam sie in eine andere Welt. Rund um die alte, aber inzwischen leidlich hergerichtete Bahnhofskathedrale aus Eisen und Glas eine Welt im Aufbau. Noch immer die alten Straßenschneisen aus sozialistischer Zeit, aber hier wenige Eingriffe in die gewachsene bürgerliche Architektur. Irgendwie krass: Jeder sozialistische Kiosk, jedes „Gastmahl des Meeres" und jeder alte HO-Lebensmittelladen haben eine neue Verwendung gefunden, aber die Substanz wurde schlicht übernommen. Weiter draußen trifft Olga ihre Freundin. Jenseits der Bautzener Straße mit dem angeblich schönsten Milchgeschäft der Stadt und dem Geschäft mit alten DDR-Marken und vor allem Bautzener Senf beginnt eine gehoben bürgerliche Vorstadt. Hier liegt das Café mit eigenem Biobrot, leckeren Salaten und vielen kleinen Köstlichkeiten – mit viel Platz für Sonnentage und noch viel mehr Platz im gemütlichen Inneren, Möglichkeiten, die es rein von Platz und Lage im quirligen Kopenhagen schwer gäbe. Aber alles von wirklich toller Qualität. „Die Leute haben hier Sinn für Geschmack." Das merkt man an vielen Ecken. Spätestens, wenn man sich die Zeit nimmt, den Wochenmarkt auf dem Alaunplatz einmal in Ruhe zu erleben und mit etwas Zeit die leckeren Angebote aus der unmittelbaren Umgebung inspiziert und dabei vielleicht noch einige der Menschen aus der Umgebung beobachtet. Keine Gegend, auf die man in irgendeiner Weise herabsehen könnte. Wenn das Leben überall so wäre, dann wäre das nicht schlecht. Und ehrlich, wenn man sich das anguckt, dann weiß man, dass man nicht alleine an dem Ideal von diesem Leben arbeitet. Auch Olgas Freundin Anna konnte sich zwischendurch etwas freimachen und so schlenderten die beiden durch die kleinen Cafés und Restaurants der Neustadt und redeten und redeten…"Ist das hier überall so?" wollte Olga wissen. „In der Neustadt, ja, ich bin froh, dass ich hier meinen Platz gefunden habe. Ein Stück entschleunigte Großstadt. Und das meiste echt." Das sind diese Ecken, die man als Oasen empfindet, wo Menschen sich noch die Zeit nehmen, selbst mit Besuchern und Neuankömmlingen noch normal zu reden, wo Wert auf die kleinen Dinge des Lebens gelegt wird. Wo Show und Fake nicht die Hauptsache sind. Und wo es überall leckere Kleinigkeiten zu probieren gibt. Da kann man einfach einmal nach Anregungen für das eigene Wochenangebot suchen. Nicht schlecht. Für Olga ein richtiges Auftanken, aber auch die Erkenntnis, dass die gesuchte Heimat überall eine Oase ist, die es zu entdecken gilt.

De Pipe, Amsterdam

Mareikes Geheimnis: Immer wenn Jan zur Recherche unterwegs ist, kann Mareike mit dem experimentieren, was sie im Moment wirklich interessiert. Die Rohware für vegetarische Produkte, die Fleisch ersetzen können. Da waren die Biopioniere zunächst einen anderen Weg gegangen: Sie hatten Trockenmischungen entwickelt, später auch mit vorgekochten Getreiden, die man unter Zugabe von Wasser weichen konnte, um dann daraus etwas Fleischersatzbällchen zu formen. Das haben verschiedene Anbieter bereits ziemlich perfektioniert, ist aber für den ganz modernen Haushaltsbedarf immer noch viel zu viel Arbeit. Insofern ist Mareike natürlich auch neben den Gefühlen für ihn als Partner und Freund an Jans Recherchen mehr als interessiert. Denn Immer mehr paart sich auch die gesunde Ernährung mit Convenience.

Aber genau auf diesem Gebiet bleibt noch sehr viel zu tun. Und da kommt Mareikes augenblicklich vertraulicher Job ins Spiel: Wie verarbeiten sich diese im Extruder hergestellten Mischungen, wenn man aus ihnen Fleischersatz formt? Mareikes Freundin Marie – der Grund all dieser Heimlichkeiten – arbeitet mit solch einer Maschine als Entwicklerin. Da gibt man Mischungen mit unterschiedlichen Proteinen wie Sojaprotein, Erbsenprotein, Bohnenprotein und noch ganz andere Stoffe hinein und heraus kommen unterschiedlich große unterschiedliche Bröckchen, die kleinen teilweise undefinierbar, die größeren – wenn man sie einweicht – mit deiner direkt erkennbaren fleischähnlichen Struktur. Die Materialien selbst haben meist wenig erkennbaren Geschmack, bekommen ihn erst durch das Marinieren – dafür ist dann Mareike da. Und ja, man muss auch viel selbst probieren, weil man manche Rohstoffe wie einige der Sojaprodukte, sagen wir es mal so, sehr verdauungsfördernd wirken. Es kommt also nicht nur auf Geschmack und Konsistenz an. Deshalb ist Mareike auch manchmal froh, einfach nur das eigene Rezept zu probieren.

Wenn´s etwas schneller gehen soll – vegetarischer Burger mit vorgekochtem Dinkel

Wem Grünkern wegen langem Einweichen und Vorkochen zu kompliziert ist, der kann natürlich auch vorgekochten Dinkel, gemischt mit Hirse und gehäckselten Karotten als Grundmasse verwenden. Alles wird gewürzt, wie man es auch mit einer normalen Frikadelle machen würde. Etwas Senf, Tomatenmark, Paprika, Pfeffer, Kräutersalz und Muskat, die Gewürze ruhig großzügig verwenden. Für die Bindung Guakernmehl hinzugeben. Nach Bedarf in Wunschgröße nach Patties und runden Klößen formen. Wer die Ergebnisse fürs Auge etwas dunkler und rötlicher färben möchte, erreicht dies klassisch mit Rote-Beete-Saft.

Alles wird zusammen in erhitztem Rapsöl etwas knusprig und von allen Seiten angebraten.

Ob man das knusprig gebratene fertige Produkt am Ende zum Beispiel mit einem Vollbrötchen anrichtet, ist

reine Geschmacks- und Glaubenssache. Zum Anrichten eignen sich ein paar Blätter Eisbergsalat, eine große Tomate mit einer Honig-Senf-Sauce als Dressing.

Hugsweier, Lahr

Das Mischen der Zutaten für Proteinmischungen ist genau seit 13 Monaten nun der Alltag von Marie. Früher waren es eher Puddings und Kuchenmischungen gewesen und jetzt gilt es die Mischungen für Frühstücksflakes und eben für Proteinprodukte zu entwickeln und zu überwachen. Ein neues Metier, in dem es auch einige Zutaten und Kniffe gibt, die man nicht ohne Weiteres jedem erzählen darf, Betriebsgeheimnisse eben.

Bei einer Tagung hatte Marie Mareike kennen gelernt und die beiden fanden sich auf Anhieb sympathisch, obwohl sie ja eigentlich eine total unterschiedliche Lebenswelt haben: Marie in einer geordneten Beziehung, verheiratet auf dem Land und Mareike, in einer frei definierten Beziehung, die offenbar ziemlich gut, und in einer pulsierenden Großstadt. Die beiden fanden eine Menge gemeinsamer Themen im Job wie privat.

Mit Mareike konnte sie sich endlich einmal in Ruhe darüber austauschen, was andere aus den Proteinen herstellen, die Marie etliche Tage in der Woche anmischen und durch die Maschinen jagen lässt. „Rezepte sind so eine Sache für sich", das weiß Mareike aus ihrer Versuchsküche. „Köche und manche Entwickler sind die Hölle, die kennen eben immer nur ihren Weg, die sind nicht bereit auch nur einmal entfernt einem anderen auch nur eine wirkliche Chance zu geben." Wie praktisch, dass gerade wieder ein Entwicklungslabor Mareike den Auftrag gegeben hatte, für einen Industriekunden, den Herstellungsweg für pflanzlichen Fleischersatz zu durchleuchten. Die Wege sind in der Tat vielseitig, man könnte von fermentiertem Soja, also Tofu ausgehen oder Tempeh aus Getreide und neuerdings auch von Jackfruit. Alle drei dieser Wege hatte der Auftraggeber bereits nach einer intensiven Verkostung der Marktangebote definitiv ausgeschlossen. Blieben also im wesentlichen noch zwei Wege: der eine, die Burger aus einer Getreidemischung aus Schrot, Mehlen und Bindemittel zu entwickeln oder eine Grundmasse im Wesentlichen aus extrudiertem Material. In beiden Fällen ist das Erfahrungswissen noch nicht weit verbreitet. Das sind genau die Dinge, die Mareike reizen und schon immer ihren Eifer angetrieben haben. Der traditionelle Weg waren hier die Getreidemischung. Hier lässt man das Material quellen, man würzt es und nimmt ein Bindemittel hinzu. Ein bekannter Weg mit vielen neuen Varianten mit Zutaten wie Linsenmehl, Buchweizen und Hirse. Der Geschmack ist dominiert von den Ausgangsmaterialien, die drin sind und die schmeckt man bei aller Würzung immer wieder heraus.

Wenn man die richtige Mischung aus dem extrudierten Material nimmt und diese wie gewohnt nach dem Einweichen und wieder Ausdrücken nach Hausfrauenwort würzt, kommt ein nicht mehr ganz so vom Ausgangsmaterial dominiertes Ergebnis heraus. Dessen Eigenschaften und Geschmack hängen aber immer noch indirekt davon ab, was die Basis war: Soja, Hanf, Sonnenblume, Erbse oder Faberbohne und ganz einfach das Protein aus Weizen.

26

Maries Burger-Rezept

Man nehme Rohmaterial aus Erbsenprotein, weiche es ca. 10 bis 15 Minuten lauwarm ein, entferne das Wasser und drücke das Proteinmaterial gründlich mit den Händen aus. Für zwei Personen benötigt man etwa 80 Gramm trockenes Extrudat. Jetzt wird die Masse gewürzt mit Senf, Tomatenmark, Paprika, ein einem Schuss Sojasauce, Chilipfeffer, Muskat, Salz und allem sonst. Alles gut verteilen und mischen. Danach als Bindemittel Guakernmehl hinzugeben und gut untermischen. Aus dem Material Frikadellen formen und in ausreichend Rapsöl bei mittlerer Hitze gut anbräunen. Die Frikadellen oder Patties nehmen dabei reichlich Öl auf und werden dadurch knisprig. Das Anbraten dient hauptsächlich dem Geschmack und der Konsistenz. Gar ist die Masse auch schon von Haus aus.

Mareike weiß auch, dass das Rezept von Marie erst einmal der Weg für Burger und Frikadellen ist.

Fleischstücke und Schnitzel gehen anders. Nur Geschnetzeltes ist einfach: Da versenkt man schlicht fertige große Stücke aus der Maschine in einer passenden Sauce und fertig.

Manhattan, New York, Hudson Street

Benny war zu einer dieser viel zu schlecht bezahlten Fotostrecken unterwegs, die man eigentlich nur deshalb macht, weil, man dadurch mal wieder aus der Enge des eigenen Studios hinauskommt. Es geht um einen Street-Art-Kalender, die Suche nach interessanten Motiven bei hoffentlich erträglicher Beleuchtung.

Was würde Benny sonst erwarten? Früher war es eher

so, dass man hier lieber gleich aufhören sollte zu essen, oder zumindest für die Tage die normalen Geschmacksknospen abschalten sollte, weil dicke Öl- und Käse-verseuchte Pizzen und in feisten Saucen ertrunkene Salate die Szene beherrschten – wenn man nicht gerade in ein etwas besseres Restaurant eingeladen war. Seine Hoffnungen ruhten auf ab-und-zu Whole Foods und dann eben doch die Delis um die Ecke. Da bekommt die in Manhattan arbeitende Bevölkerung ihr klassisches Frühstück: Bagel mit Cream-Cheese und dazu einen heißen Kaffee und das Ganze in der berühmten und heute für die Natur erst rehabilitierten braunen Papiertüte und wie in früheren Zeiten zu einem fairen Preis und vierundzwanzig Stunden, also rund um die Uhr. Schließlich war es in dieser nicht gerade günstigen Umgebung immer schon so, dass man etliche Jobs gleichzeitig zum Überleben brauchte, was das Zeitgefühl der Menschen eher unberechenbar machte.

Einer seiner örtlichen Kontakte lud Benny abends nach SoHo auf eine Dachterrasse zu einem Drink ein. Kaum zu glauben, was sich da an ausgelassenen Twens – wie man sie früher mal nannte - zu völlig ungetrübtem und reinem Genuss versammelte. Alles nur happy. Und was man aß: eher zufällig mal wieder vegan mit zugegeben leckerem Hummus. Der inzwischen legendäre Beyond Meat Burger stand nicht auf der Karte und diese Menschen hier waren nun auch nicht gerade Gazellen, aber eben auch nicht adipös.

Eindrücke aus der neuen Welt, food ideas made in USA. Keiner hätte vor zwanzig Jahren gedacht, dass man sich aus New York ausgerechnet neue Kochbücher mitbringen würde. Heute ist das eine gute Idee, Und wenn man wohl im Kopf hat, dass Ney York nicht gleich USA ist, so eben doch allemal ein Indikator. Vor 20 Jahren gab es in Downtown Manhattan einen Delikatessenladen mit deutschem Schwarzbrot, heute bekommt man dies durchaus schon im Deli um die Ecke. Jede Form von Milchersatz aus pflanzlicher Herkunft ist ebenfalls zu haben, ähnlich wie die Auswahl im Hotel für den Kaffee. Man muss beim Einkauf schon aufpassen, dass man nicht veganen statt normalem Käse bekommt.

Was das moderne Essen von Europa unterscheidet? Es ist bunter, weil Cross-over von vielen Kulturen und nicht nur dominiert von mediterraner Esskultur. Dadurch werden die vegetarischen Angebote deutlich leckerer. Fresh-cut und leckere fertige vegetarische Salate und Gerichte haben es in viele Angebote geschafft. Und die inzwischen zu Amazon gehörende größte aus Bioangebote ausgerichtete Lette Whole Foods hat es inzwischen schon als Tipp auch in die Reiseführer geschafft, nach dem Motto: Wenn Sie für unterwegs in die Stadt oder in den Central Park etwas Leckeres suchen, dann eben dort.

Ach ja und Whole Foods: Was unterscheidet diese Biomarktkette von etwa den Bio-Angeboten in Deutschland oder Frankreich? Zuallererst: das Angebot ist einfach in der Auswahl weniger dogmatisch: Nicht 100% Bio und um jeden Preis. (apropos

Preis: Lebensmittel sind in den USA sowieso eher teuer.) Das Angebot der Whole Foods-Märkte ist vor allem frisch und lecker – viel Thekenware, viel halbfertige und fertige Convenience-Angebote. Selbst in der Großstadt eine gute Auswahl lokaler Produkte. Bioqualität, da wo vorhanden und sinnvoll. In Sachen Essen ist die Stadt ihrem alten Multi-Kulti-Erbe auf neue Weise treu geblieben – will sagen die vegetarischen Einflüsse aus aller Welt sind als Geschmackszutaten weit wichtiger als die nachgewiesen saubere Qualität.

Wenn man die Hotspots der einheimischen jüngeren Generation anschaut, man sind sie in jedem Fall weit vegetarischer als früher.

Insofern spiegelt die Stadt in Sachen Food eben auch das, was uns europäische Exporteure aus ihrem Alltag berichten: Hier werden ordentliche Preise für Nahrungsmittel gezahlt und die Perfektion der Lebensmittelzertifikate wird vielleicht etwas lockerer gesehen. Das Geschmackserlebnis zeigt dann trotzdem keine schlechte Mischung. Und immerhin so noch einmal daran erinnert, dass die USA den größten Biomarkt der Welt stellen und immer noch vor Europa als Gesamtheit rangieren. Und unser Anliegen ist es, gerade den Lebensmittelhandel mit der Brille von Konsum und Essgewohnheiten zu sehen, weil dies den inneren Kern des Marktes ausmacht.

Dazu gehört auch, dass man in vielen der Whole Foods-Märkte nicht nur ein wirkliches und im Angebot tolles Restaurant findet, sondern zusätzlich an

Veranstaltungen rund ums Essen und Kochen teilnehmen kann.

Ach ja, und auch dies sei bemerkt: Bei Whole Foods zahlt man nicht nur mit der Amazon App, man bekommt als Prime Kunde auch Vorteile, eine Entwicklung, die den deutschen Lebensmittelmarkt durchaus interessieren sollte: Statt mit Kreditkarte demnächst eher mit der App zahlen.

Frederiksberg, Kopenhagen

Olga braucht für ihr Café ständig Innovationen und neue Rezepte. In Sachen Kuchen war sie ja schon immer sehr fit. Gerade aber für leichte Gemüse-Mittagsgerichte, da sollten dringend Innovationen herkommen. Der Ausgangspunkt war eigentlich schon durch die Vorlieben der Dänen gesetzt: Alle Arten Karotten, mit Vorliebe die purpurnen, möglichst alte Sorten Rübe, Kohlrabi wären in einer solchen Mischung ebenso möglich wie gedünsteter Kürbis und noch leicht knackige gelbe Zucchini. Und da musste jetzt eine Variante von Sauce im weitesten Sinn her, die aus Gemüse einen tollen Mittagssnack macht. Und fiel Olga dann wieder ihr Pürierstab ein, mit dem konnte man schon immer Erstaunliches machen.

Eine leckere Kräutersauce in vielen Varianten

Die Basis, eine vegane creme cuisine, z.B. auf Haferbasis, eine vegane Mayonnaise, ein Schuss

Rapsöl, gerne mit Buttergeschmack, dazu jede Menge frische Kräuter wie Sauerampfer, Petersilie, Koriander, Salbei, auch Schnittlauch, besonders gerne natürlich Basilikum. Die kann man – je nach Geschmack zusammensetzen und variieren -. Was man auf jeden Fall braucht: einen guten Pürierstab, mit dem wird alles zu einer flüssigen, leicht schaumig-konsistenten Masse verarbeitet. Die wird dann noch mit etwas Kräutersalz, Pfeffer und weiteren Zutaten – ganz nach Geschmack – gewürzt und abgeschmeckt.

Eine leckere Zutat für alle gedünsteten Gemüse. Man kann übrigens auch saísonal Bärlauch verarbeiten. Sehr lecker. Und selbst zu Spargel schmeckt diese Kreation hervorragend.

Und jetzt gibt es genau die Spielwiese, die für Olgas Tagesgerichte ideal ist. Welche Kräuter passen besonders gut zu welchem Gemüse. Alles noch nett angerichtet und schon steht ein wesentlicher Pfeiler für eine abwechslungsreiche Tageskarte. Und dem war sie damit schon ein ganzes Stück nähergekommen.

De Pipe, Amsterdam

Jan steckt noch immer in seiner Serie über das Essverhalten von Familien. Persönliche Interviews versanden sehr oft, weil er immer wieder in Diskussionen über Verpackungen und unsinnige Verpackungen gelockt wird. Verbraucher geben sich gerne umweltfreundlicher als sie sind. Gerne wettern sie über unnötige Verpackungen, aber wehe, wenn ein Lebensmittel rein äußerlich auch nur ein klein wenig weniger schön aussieht. Wenn man manche Familien so hört, könnte man denken, die Kinder ernähren sich tagsüber wirklich von geschnittenem Apfel und Karotten. Alles nach dem Motto: „Wir sind ja so vernünftig". Gelegentlich Unverständnis gegenüber Fertiggerichten und wenn man dann genauer hinguckt, wird die fertige Pizza, inzwischen auch der fertige Burger oder das vermeintlich frische asiatische Gericht unterschlagen. Und das alles ist eben besonders praktisch, wenn gerade nur einzeln gegessen wird, weil jeder einen anderen Rhythmus hat.

Und wenn man dann einmal zusammen ist, kommt gerne das Thema Grillen: Einfach Fertigware aus der Fleischtheke auf den Grill und auch hier bekommt eben jeder das, was er immer mag. Vor Jan baut sich eine Welt von Ernährungs-Einzelgängern auf. Und dann, vor allem, wenn Mädchen die Vorpubertät erreicht haben, werden ganze Freundesgruppen vegetarisch und vegan. Das passt hervorragend in die Spielwelt der Ponys und Einhörner. Kluge Beobachter gucken bei den selbstgewählten Ausnahmen besser nicht so genau hin, wenn verbale Veganer genussvoll ihr Hähnchenfleisch essen.

Jan ist so mit den Widersprüchen seiner Recherche beschäftigt, dass er gar nicht merkt, wie wenig er sich im Moment mit Mareike sieht und vor allem sich austauscht. Das heißt, man begegnet sich schon in den typischen Alltagssituationen, morgens verschlafen mit einem Kaffeepott oder abends mit einem entspannten Glas Wein, aber meist dann, wenn für große Inhalte kein Platz ist. Jan lassen zurzeit die Rezepte für die Jüngsten nicht mehr los.

Jans Kinder-Gemüse-Bratlinge

Zutaten für 4 Personen: 3 mittelgroße Karotten, eine Zucchini, ein Stück Kürbisfleisch

Alle Zutaten werden grob geraspelt und mit einem Esslöffel Tomatenmark, etwas Salz, klein gehackter Petersilie, Muskat zu einer Gemüsemasse vermengt. Für die Bindung der Masse gibt es unterschiedliche Ideen. Für Veganer nehme man Guakernmehl, sonst einfach Semmelbrösel und ein Ei.

Jetzt aus der Masse runde Klopse formen und diese in Rapsöl garen und knusprig ausbraten.

Dazu Kartoffelspalten. Geht toll mit den frisch geernteten Kartoffeln. Kartoffeln gründlich säubern und die Schale bürsten. Jede einzelne der Kartoffeln in länglich dünne Stifte schneiden und die dann in Rapsöl oder einer Mischung aus Rapsöl und Butter richtig knusprig braten.

Pannenkoekenhuis De 7 Dwergen Cuijk, Sankt Agatha

Jan wollte für seine Ernährungsstudien gerne auch noch etwas praktische Erfahrungen einfangen. Und wer konnte ihm da besser helfen als Caroline mit ihrem kleinen Matz, der jetzt zwar demnächst erst drei werden sollte, aber vielleicht eben doch schon ein ganz gutes Studienobjekt sein könnte. Caroline und Kay sind schließlich so ein typisches modernes Elternpaar, Kay inzwischen Produktmanager und Abteilungsleiter in der Lebensmittelbranche und

Caroline erst einmal Mutter und dazu Bloggerin mit dem Wunsch in der eigenen Arbeit nicht nur ein nettes Hobby und Spaß zu sehen. Nach dem Umzug der Familie aus München in die Gegend von Aachen musste sich Matz erst wieder eingewöhnen und da war es eine gute Sache, dass Caroline ihn zu einem Treffen mit Kay mitnehmen konnte.

Und ein Pfannkuchenhaus ist nicht nur für Kinder eine gute Adresse. Selbst Jan muss man dazu nicht bitten. Damals mit seiner früheren Partnerin Mette gab es Pfannkuchen immer glutenfrei, was in Sachen Geschmack in jeder Hinsicht einen Verzicht bedeutet. „Schon witzig", bemerkt Jan zu Caroline, „Pfannkuchenteig zu machen ist die einfachste Sache der Welt: Ein paar Eier, Mehl, Milch, eine Prise Salz, gut umrühren und schon ist die Masse im Prinzip fertig. Und trotzdem wird man den Verdacht nicht los, das selbst diese einfachen Handgriffe manchen schon zu viel sind." ´"Es sind nicht nur die Handgriffe", gab Caroline zurück, „du musst immer auch die Zutaten da haben. Dann auch Erfahrung haben, was geht... Warum schwärmten zwischenzeitlich so viele Frauen von ihrem Thermomix? Der sollte ihnen nicht nur die Arbeit, sondern eben auch das Denken abnehmen." „Böse, aber vermutlich wahr. Und in Befragungen wird dann sowieso das Leben nur geschönt: wie im Gasthof: alles wird frisch gemacht, keine Zwischenprodukte zur Arbeitserleichterung und natürlich nur allerbeste Zutaten." „Selbstdarstellung funktioniert immer noch. Die Menschen wissen, was man erwartet: Man isst angeblich Frisches, alles aus der Region und Bio und vor allem, man weiß, was gesund ist. Aber genau das darf bezweifelt werden."

Lecker-gehaltvolle Frühstückspfannkuchen

Dazu nehme man 100g Mehl und 50g feine Haferflocken und vermische das mit 250 ml Milch, dazu zwei Eier, für das ehrliche Rezept ein Esslöffel Rohrohrzucker und eine Prise Salz. Alles gut durchziehen lassen. Und danach zum Beispiel in Rapsöl mit Buttergeschmack ausbacken und auf die Oberseite frische Blaubeeren oder Erdbeerscheiben legen.

Als Bloggerin weiß Caroline inzwischen nur zu gut, wie reflexartig Aufmerksamkeit funktioniert und wie wenig Menschen wirklich aufnehmen. „Du glaubst gar nicht, wie oft irgendwelche Follower mich Dinge fragen, die dick und fett in meinem Profil stehen. Und Influenzen ist eben doch wie Klinkenputzen und als möglichst einfacher Verkäufer von Tür zu Tür gehen. Und alles, was zu kompliziert ist, funktioniert sowieso nicht. Da hast es du Jan wenigstens manchmal besser, denn du kannst – zumindest bevor du aus deiner Analyse einen Artikel machst – einmal echte und ehrliche Recherche und Analyse machen." „Wenn das von allen so gewürdigt würde, ginge es mir auch besser."

Hasselbrookstrasse, Hamburg

Benny muss oft daran denken, dass der Alltag eines Fotografen von außen manchmal viel spannender und vielseitiger vermutet wird als er ist. Zurzeit sind mal wieder ziemlich langweilige Stillleben angesagt, eine auf natürlich getrimmte Geschirrserie muss aus organisatorischen Gründen auch noch in einem geräumigen Kellerraum fotografiert werden. Künstliches Licht ist dort reichlich vorhanden, aber nicht das, was Benny vorschwebt und so muss er in diesem Fall mit Dekoration punkten und zum Beispiel durch das, was sich auf dem Teller findet. Das ist dann immer die Stunde von Janina. Die soll ihm ausgefallene und nicht zu natürlich-gesunde Rezepturen auf die sonst eher eintönigen Teller zaubern. Schmecken müssen solche Kreationen für das Foto selbst absolut nicht, sie müssen die Illusion eines geschmackvollen Tellers erzeugen, der Betrachterin zeigen, mit welchen Zutaten sie glänzen können. Oder um den typischen Werbemechanismus in Worte zu kleiden: Wer solch ein Geschirr hat, dessen Mahlzeiten kommen bei Familie und Freunden einfach gut an. „Ha, ha Benny, mich und meine Kochkünste braucht man nicht, sondern nur ein neues Service. Ja, denn machen wir uns ran." Und schon entstanden in einem Nebenraum des Fotokellers fotogene Dekorations- und Rezeptideen.

Janinas ersten Rezepte

Frischer Linsensalat

Die Linsen, die wir dafür nutzen ist eine Sorte, die den kleinen französischen Puy-Linsen ähnelt. Für einen Salat wird sie gut zehn Minuten gegart, damit sie noch knackig bleibt. Gewürzt werden die Linsen mit einem Essig-Zitrone-Öl-Dressing. Dazu kommt eine frische Frühlingszwiebel, Karottenraspel sowie wahlweise Paprika, gedünsteter Grüner Spargel und frische Gartenkräuter.

Überbackene Champignons

Dazu eignen sich am besten große braune Champignons, die werden von ihrem Stilansatz befreit. Für die Fülle benötigen wir gehackte Petersilie,

Knoblauch, Olivenöl, dazu entweder eine Masse aus Quark und Parmesan – so das Originalrezept – oder eine Masse aus gewürztem Tofu als vegane Alternative. Alles wird im Backofen bei 200 Grad Umluft etwa 20 Minuten gebacken. Puristisch, aber lecker.

„Schon erstaunlich", stellte Janina nach dem Einkauf fest, „gar nicht so einfach, so richtig gute Zutaten zu bekommen: Frische Champignons mit Glück eher im Bioladen, Kräuter wieder eher im Supermarkt oder Discount. Eine gute Linsenauswahl im Biomarkt und Fleischersatz – da sind manche Supermärkte ein Paradies."

De Pipe, Amsterdam

Jan und Mareike haben sich jeweils in ihren Recherchen vergraben. Jan ist eigentlich permanent auf der Suche nach Anzeichen für neue Trends und Änderungen des Ernährungsstils. Dabei merkt er, dass die Suche nach Protein immer wichtiger wird. Da geht es längst nicht mehr um die Verwendung von sogenannten Proteinmehlen. In vielen Bereichen wird der hohe Proteingehalt zum Trend und geht damit weit über den Bereich der Kraftsportfans hinaus.

Mareike sucht heimlich nach Informationen im Umfeld von Forschung und Masterarbeiten, um überhaupt einen ersten Eindruck zu gewinnen. Jan zu fragen, kommt ihr inzwischen riskant vor. Der sieht das sowieso mehr aus der Sicht des journalistischen Beobachters und Aufdecken ist gerade das, was Mareike im Moment am wenigsten braucht. Aber das

Gute ist, dass sich heute im Netz schon eine Menge für die Recherche findet. Die Menschen sind ja so mitteilungsbedürftig.

Aus einer noch nicht fertiggestellten Arbeit: Trockenextrusion als Ausgangspunkt für Fleischersatz.

Schon seit mehr als einem Jahrzehnt werden solche Produkte aus Soja im Biobereich hergestellt und in hauptsächlich zwei Formen verwendet. Einmal in kleineren Chrispies, die einfach in gewürzter Tomatensauce zu vegetarischer Bolognese verarbeitet werden, sprich gekocht und dann in Gläser sterilisiert und fertig. Dazu noch größer geformte Chips im Umlauf und wie die am Ende zu Mahlzeiten verarbeitet werden, überlässt man ausschließlich dem Verbraucher.

Über Alternativen machte man sich solange wenig Gedanken, solange die allgemeine Protein-Produktwelle über die Kraftsportler keine anderen Käuferschichten erreichte. Seitdem änderte sich der gedankliche Ansatz und damit kamen mehr Ausgangsstoffe als Protein in den Blick. Grundsätzlich kommen nur Proteine infrage deren Proteingrad Werte von 50% erreicht. Das gelingt heute bei Erbsenprotein und mit einigermaßen komplizierten Verfahren auch noch bei Sonnenblume, Hanf und Faberbohne. Längst nicht jedes Proteinmehl lässt sich von Zusammensetzung und Produkteigenschaften dazu nutzen. Warum man sich nicht mit Soja zufriedengibt? Erstens die

Assoziation zu gentechnisch verändertem Soja und zweitens die bei vielen Sojaverarbeitungen festgestellte stark verdauungsfördernde Wirkung, die den Geschmack und Genuss doch etwas beeinträchtigt. In den USA beginnt mit Beyond Meat der Siegeszug der Erbsenproteinprodukte. Die wurden auf eine industriell herstellbare Produktqualität gebracht und enttäuschen diejenigen, die auf Fleisch verzichten möchten, vor allem geschmacklich nicht. Wichtig in dieser Zielgruppe sind Mundgefühl, Biss und Geschmackseindruck. Dabei muss der Geschmack gar nicht unbedingt Fleisch nachbilden. Viele Veganer lehnen das ab. Für etliche von Ihnen ist Erbsenprotein auch geschmacklich diskutabel. Zwei echte Konkurrenten als Proteinrohstoff könnten dem Erbsenprotein noch erstehen. Erstens Sonnenblumenprotein. Eigentlich waren ja die Sonnenblumenkerne über das Öl in vielen Phasen ein Inbegriff von Natürlichkeit. Das Proteinmehl dazu schmeckt eher leicht nussig und in einigen Verarbeitungen sehr angenehm im Geschmack. Ihm haftet wie dem zweiten Konkurrenten Hanf zunächst der Ruf des Neuen und Unbekannten an. Allerdings kann man gerade Hanf als Superfood und als Nahrungsergänzungsmittel nach aktueller Sicht wiederum sehr viele positive Eigenschaften zutrauen. Beide Materialien müssten für die Proteinherstellung erst noch in vollem Umfang entdeckt werden. Es hat lange gedauert, bis die Herstellprozesse solcher Stoffe langsam transparenter wurden, aber das Know-how auf diesem Gebiet ist noch zu begrenzt. Und nicht zu vergessen: Der Siegeszug möglicher Materialien und Ausgangsstoffe wird am Ende durch die fertigen und halbfertigen Produkte bestimmt, die daraus angeboten werden könnten. Will sagen – das Rennen ist noch nicht entschieden.

In diesem Beitrag ist es dem Autor nicht möglich, wichtige Betriebsgeheimnisse aus dem Bereich der Herstellung im Detail zu nennen und zu diskutieren. Der Vorteil ist jedoch inzwischen, dass die technischen Modalitäten standardisiert vorhanden sind und auch die Anforderungen an die Ausgangsstoffe. Im Unterschied zu den völligen Anfängen mit viel trial und error hat die Entwicklung einen wesentlichen Fortschritt gemacht.

Und aus anderen Quellen sei an dieser Stelle ergänzt, dass es in Europa inzwischen ein sehr gutes Rohstoffpotential an Protein-Grundstoffen gibt. Da kommen vor allem alle nichtallergenen Pressprodukte infrage wie etwa Sonnenblume, aber auch Pressprodukte von Ölen, die sich einer guten Nachfrage erfreuen. Das ist derzeit etwa Hanföl. Was man allerdings als allgemeine Tendenz deutlich sagen kann: Die Qualität dessen, was man anfangs so schlicht und unspezifisch als „Proteinmehl" bezeichnet hat, ist inzwischen durch alle Formen der Verarbeitung, Aussieben und Vermahlung wesentlich besser, professioneller und hochkarätiger geworden.

De Pipe, Amsterdam

Mareike macht derzeit ihre Versuche immer dann, wenn Jan nicht im Hause ist, weil einfach alles viel zu spannend und weil sie in Gedanken und allen

Versuchen an ihrem Geheimprojekt arbeitet. Wie kommt mehr Geschmack in Material, welches Fleisch ersetzen kann? Oder macht man auf aus einer puren Zutat einen fertigen Geschmack? Jackfruit und Tempeh nehmen nur schwer Geschmack an. Was ist mit den unterschiedlichen Produkten aus diesen Extrudern? Einige der Mischungen schmecken schon. Und dann auch die Frage: Wovon wird man satt? Wie wirken solche Produkte auf den Körper?

Warum sie sich darüber nicht mit Jan austauscht? Sie ahnt, dass der sehr schnell seine typischen kritischen Fragen stellt: Wer will damit verdienen? Wer will von dem großen Hype profitieren und wie? Jan ist schließlich bekannt dafür, dass er totsicher den Finger auf die Wunden und kritischen Punkte legt. Und das kann Mareike im Moment nicht gebrauchen.

Auch Mareikes Auftraggeber werden einmal damit werben, dass ihre Produkte gut fürs Klima sind, aber davor muss es erstmal überhaupt Produkte geben.

Und bei Jan sieht die Welt gerade anders aus: Der sehnt sich danach, möglichst oft und unterwegs neben seines laufenden Recherchen, diese Freitagsproteste der Schüler mitzumachen und damit – wie er immer wieder sagt – „seinen Beitrag zu leisten" , neben all dem, was er ja sowieso in dieser Richtung versucht, in den Medien unterzubringen. „Irgendwie ist und bleibt er ein Aufrechter!"

Frederiksberg, Kopenhagen

Das kleine Restaurant ist oft voll, viele der Stammgäste lassen sich auch gerne noch vor dem Eingang auf den Gartenstühlen nieder. Solange das

WLan sie noch erreicht mit Handy und Laptop alles gut. Smartphones sind hier wichtig, weil Olga hinter ihrem Tresen neuerdings immer interessante Produkte ausstellt, die sie für ihre Küche entdeckt hat. Stolz prangen dort auch ein paar Beyond-Meat-Verpackungen neben Dressings von Svansø und Graupen von der Skærtoft Mølle. Und jeden zweiten Samstag gibt es „Foodbloggers Weekend Snack", da Blogger, die es sein oder werden wollen Lieblingsrezepte vor und da klickt es mit den Smartphones noch mehr und erst recht mit dem Andrang. Wie früher mal beim Jazz-Frühstück, ab 10.00 Uhr gibt es keine Plätze mehr.

Olga kümmert sich darum, dass es zum Wochenende immer ein paar nette Kleinigkeiten vom Haus gibt. Sie bereitet für ihre Gäste Hummus mit Minifladen zu, um sie vom Haus zu überraschen. Das kommt natürlich immer gut an.

Hummus würzig in einem Rezept für Zuhause

Die Zutaten dafür sind außerdem überschaubar: Kichererbsen fertig aus dem Glas

Zwei Esslöffel Tahin (Sesammuss, auch fertig)

Drei Zehen Knoblauch plus eine Schote Peperoni und gehackte Petersilie

Zwei Esslöffel Olivenöl plus noch ein guter Schuss zur Dekoration

Ein bis zwei Esslöffel Zitronensaft

Kräutersalz, Grüner Pfeffer und Chili als Gewürz

Die Kichererbsen werden zusammen mit den frischen Zutaten zu einer Paste verarbeitet, Zitronensaft

hinzugeben, ebenso die Tahinpaste. Die Gewürze und das Olivenöl werden zum Schluss sanft untergerührt. Zum Servieren füllt man Hummus in kleine Glas- oder Porzellanschälchen, gibt auf die fertige Masse etwas Chiligewürz, gehackte Petersilie und noch einen sichtbaren Schuss Olivenöl.

Trendgerecht gibt es dazu auf der Karte sehr oft Varianten auf vegetarisches Geschnetzeltes. Das Angebot wird von den einheimischen Besuchern des Viertels sehr gelobt. „Endlich einmal Fleischersatzküche, die wirklich schmeckt. Da hinken unsere Supermärkte zurzeit noch ziemlich hinterher. Wenn wir dich nicht hätten." Logisch, dass sich vieles davon am Ende bei Instagram wiederfindet dass solche News den Besucherstrom immer wieder anheizen.

Kleine Linsen-Buchweizenfladen

Wir mischen dazu je nach gewünschter Endmenge Püree oder Mehl von roten Linsen und Buchweizenmehl mit einer Würze aus Kreuzkümmel und Salz und erstellen mit etwas Hafermilch eine Teigmasse. Diese wird gut vermischt. Wir lassen sie quellen. Und backen diese Masse auf heißem Rapsöl zu kleinen Fladen aus, die man dann auch dekorativ in einem Ring zur sicheren Formung erstellen kann. Dann lassen sie sich nachher zum Servieren entsprechend dekorativ stapeln.

Geschnetzeltes, vegetarisch

Man weiche dazu sein Fleischmaterial kurz an, d.h. man legt es in ein mit Wasser benetztes Gefäß und gisst das Wasser wieder ab. Das reicht um die Schnetzel etwas anquellen zu lassen, damit sie Marinade und Gewürz aufnehmen. Zum Würzen nehmen wir eine Grillsauce mit rauchigem Geschmack und je nach Wunsch eine mehr tomatig itaiienische Würzung oder die Gyros-Richtung. Und jetzt werden die Schnetzel angebraten, daß sie Fett aufnehmen und knusprig werden.

Will man das mit einem Gemüsebeet servieren, dann bereite man dazu eine Art Ratatouille zu aus Paprika, Zucchini, Tomate und Aubergine vor. Dazu dünstet man das Gemüse mit Öl und einer leichten Würze an und gibt, wenn das Geschnetzelte am Ende dazu passt, natürlich sehr gut die tomatige Schnetzelvariante. Für die nordisch skandinavische Variante erstellt man ein Gemüsebeet aus gedünsteten Karotten, Rüben und je nach Geschmack auf Rote Beete. Die Würze der Schnetzel ist dazu dann eher herb.

Gadderbaumer Strasse, Bielefeld

Auf der Wahrheitssuche nach den Wurzeln der Essgewohnheiten war Jan inzwischen auf eine Gruppe junger Eltern gestoßen, von denen sich einige zumindest in den Anfangsgründen auch wissenschaftlich mit Ernährung beschäftigten. Wie Ernährung durch Herkunft geprägt wird. Ernährung als Teil der Selbstinszenierung. Woher vielleicht der Trend kommt, warum immer mehr Menschen „speziell" essen und warum Ernährung heute eine andere Rolle spielt als früher. Solche Gedanken sind Jan immer einen Recherchetag wert. Der Gedanke aus dieser Gruppe ist faszinierend, einmal das

Essverhalten soziologisch zu sehen. Schließlich kann man mit Händen greifen, dass Inszenierung überall ein wesentlicher Faktor des Erfolgs wird. Aller „Fernliebe" in den sozialen Netzwerken wie in der Politik funktioniert über Inszenierung. Selbstwertsteigerung durch die Zahl der Follower. Und irgendwie wird die Ernährung ein Teil dessen. Sich vegan zu ernähren kann Aufmerksamkeit schaffen, provoziert immer noch an vielen Stellen die Frage „was essen solche Menschen?" oder „was dürfen die essen?" Klingt fast wie früher eine religiöse Vorschrift. Selbst Kinder und Haustiere werden so Teil der Selbstinszenierung „Mein Kind isst…" Die Gegenbewegung dazu ist schon etwas älter, die Rückbesinnung auf Heimat und Tradition. „Regionale Küche", „regionale Rezepte" – die einen prägt es vielleicht eher unbewusst, weil sie es nicht wirklich klarmachen, die anderen zelebrieren es. Regionalität funktioniert übrigens schichtenübergreifend: sie hat viele „Arme-Leute-Essen" hervorgebracht wie „Armer Ritter", „Saumagen", „Grüne Sauce", „Linsen und Spätzle", „Currywurst" und natürlich alle Bratkartoffelvarianten und mehr und all das wiederum taugt als Modell für Spitzenküche wie für Imbissbuden.

In diesen Zusammenhängen liegt auch der Grund, warum man Essverhalten nicht mit Rezepten beikommen kann. Bei einem großen Teil der Bevölkerung bestimmt längst nicht nur das Lebensschicksal die Essgewohnheiten. Immer früher werden auch Kinder von diesem „Schick-Effekt" erfasst. Besonders Mädchen durchlaufen dann turnusmäßig ihre frühe vegetarische Phase, in der allenfalls noch Puten- und Hühnerfleisch als in der Gruppe erträglich durchrutschen. In den letzten

Jahrzehnten erleben die Deutschen etwas, was ihre Nachbarn in Holland, in Frankreich und erst recht in den USA schon lange kennen: es leben gewisse Herkunftsgruppen davon total abgekoppelt: In Holland etwa einst die Indonesier, die dafür die Bereicherung ihrer Küche mitbrachten, in Frankreich die ebenfalls aus den Kolonien stammenden Nordafrikaner, die mit Hummus, Couscous und mehr längst die gängige französische Küche erreicht haben. In Deutschland haben die einstigen „Gastarbeiter" aus Italien mit Pizza, Pasta und Eis, genau wie die Jugoslawen und Griechen mit ihrer Gyros- und Weinblattküche und dann später die Türken mit Döner und Falafel, sie alle in vielen Gegenden die Herrschaft für das gastronomische Angebot. Die Trennlinie verläuft immer zwischen den beiden Polen: Bereicherung oder Abkapseln. Für eine Familie, die etwa jäh aus einer ländlichen Gegend in Syrien nach Deutschland katapultiert wurde, steht eine Anpassung an das neue Umfeld erst einmal nicht zur Diskussion. Für Deutsche ist fremde Küche auf jeden Fall besser erklärlich und vor allem akzeptabel, wenn sie mit Tourismus zu verbinden ist als mit Stadtvierteln im eigenen Land.

Genug der Ausflüge in die Kultur. „Euer Apfelkuchen schmeckt toll", bemerkt Jan, „und er ist auch nicht übermäßig süß." „ Das lernt man, wenn man dauernd Kinder begeistern muss und dabei immer noch möchte, das das Ganze nicht zu ungesund ist…" „Aber das geht eben nur, wenn man auch Zeit dafür hat und da fehlt es eben manchmal. Und da sich Jan zur Überraschung der Frauen in der Runde zum Fan von Selberkochen entpuppt, folgt natürlich eine ausführliche Diskussion über Hefeteig und Rezepte. „Solange die Kinder noch klein sind, werden viel mehr

Rezepte akzeptiert. Nachher kann man es nur noch mit Pizza versuchen." "Und sehr oft hat „fertig gekauft" bereits für die Kleinen mehr wert und Image als das selbst gebackene. Verrückte Welt…"Und für einen richtig guten Hefeteig braucht man vor allem eines: Zeit und Geduld.

Hefeteig für Süße Sachen: Apfel oder Pflaumenkuchen

Für eine feine Struktur nehmen wir hier gerne Weizenmehl Typ 405, für den Basisteig geben wir 300-350 g in eine große Schüssel, in die Mitte in eine Kuhle die angebröselte Hefe und dazu eine Mischung aus Milch und lauwarmem Wasser etwa 100 ml. Alles wird mit einem Tuch abgedeckt und an einen warmen Ort gestellt. Nach einer Stunde, wenn die Hefe schon etwas gearbeitet hat, mischen wir die Feuchtigkeit durch und geben bei Bedarf noch Flüssigkeit zu. Dann wird alles erneut abgedeckt und ruht. Nach vier bis sechs Stunden kann man zwischendurch einen Blick auf den Teig werfen. Wenn er sich schon in die Höhe gearbeitet hat, darf man ihn wieder durchmengen und lässt ihn dann erneut abgedeckt weiter gären. Für einen guten Hefeteig sollte der Teig mindestens 10 Stunden Gare haben, mehr schadet überhaupt nicht. In der Endphase geben wir etwas Mehl und Puderzucker hinzu und arbeiten damit den Teig gut durch, bis er sich einfach aus der Schüssel nehmen lässt und außen nicht klebt.

Der Teig wird auf einem mit Backpapier abgedeckten Blech gut und dünn ausgerollt. Und vor dem Belegen mit etwas Zucker bestreut. Wir folgen hier dem bekannten Geschmacksmotto für Backwaren: Zucker besser außen, das täuscht der Wahrnehmung mehr Zucker vor als wenn er im Teig ist. So spart man unnötige Kalorien.

Jetzt wird der Teig mit geschälten Apfelschnitzen oder entkernten Pflaumen flächendeckend belegt. Für den Geschmack wird der gesamte Blechkuchen noch großzügig mit Vanillezucker bestreut, dafür sollte man etwa vier Päckchen rechnen. Ein Hauch Zimt schadet nicht, ist aber nicht zwingend. Zur Verfeinerung kann man den Blechkuchen noch mit dünn geschnittenen Butterflöckchen versehen. Das verfeinert den Geschmack eines gut gegangenen fertigen Hefeteigs. Jetzt wird alles bei einer Temperatur zwischen 180 und 200 – möglichst bei Umluft – zwischen 35 und 40 Minuten gebacken.

Der klassische Pizzateig

Am Teigansatz ändert sich nur, dass wir beim Start in die Gare ausschließlich warmes Wasser verwenden und keine Milch hinzugeben. Auch, wenn der Pizzateig am Ende nicht so aufgehen soll wie ein Kuchenteig ist ein langes Garen des Hefeteiges ein wichtiger Baustein für guten Geschmack und Verträglichkeit. Teige mit langer Gare helfen zum Beispiel Menschen mit leichten Glutenunverträglichkeiten auch Gebackenes zu vertragen. Für schwer daran erkrankte, die strikt glutenfrei leben müssen, hilft auch dieses nicht. Zur Endvorbereitung des Teiges für Pizza geben wir zwei Esslöffel Olivenöl und einen Teelöffel feines Salz in den Teig und arbeiten den Hefeteig noch einmal gründlich durch.

Den fertigen Teig sollten wir besonders dünn ausrollen. Danach wird der gesamte Pizzateig mit einem Pinsel mit Olivenöl bestrichen. Dazu kommt eine Mischung aus passierten Tomaten und italienischen Kräutern zum Einsatz. Bei der Verwendung von Trockenkräutern sollte man diese bereits vorab in den passierten Tomaten einweichen. Auch diese Masse wird auf dem gesamten Pizzateig verstrichen. Das Gute bei Pizza für Kinder ist, dass man bei unterschiedlichen Vorlieben den Belag nach Geschmack variieren kann: Salami, Champignons, gekochten Schinken, Spinat oder Thunfisch. Ebenso am Ende den Geschmack und die Menge des Käses. Die Backzeit ist ähnlich wie beim Kuchen und das Ergebnis wird dadurch etwas stärker ausgebacken.

Heerlen

Was Essen angeht, ist Caroline noch in einer komfortablen Lage. Matz wird im Moment noch nicht von fremden Wünschen und Einflüssen zu sehr beeinflusst. Und solange es nur die Verwandten sind, kann man immer noch reden. Also vor allem keine megasüßen Versuchungen. Was ihr große Bauchschmerzen macht ist das selbstgesteckte Ziel, nun als Influenzer richtig einzusteigen. Man muss nehmen, was man an Kunden bekommt. Die hundertste Kosmetik kommt eher nicht in Frage. Das machen schon die Jüngeren. Was man macht, geht auf keinen Fall automatisch: Nur drei Fotos auf Instagram bewirken rein gar nichts. Die erfolgreiche Mischung bei allen Aktivitäten ist eine Kombination von persönlichem Kontakt und Impulsen im Netz. Nach der Babypause doppelt schwer. Wer im Moment Unterstützung sucht?

Ein Weingut sowie ein Anbauer von alten Getreiden auf einem Gut in Ungarn. Da bei dem Anbaubetrieb die Inhaberin und treibende Kraft Christine - eine Frau - ist, fängt sie damit an. Christine ist vor Jahrzehnten aus Deutschland dorthin gekommen, hat das Land, einen Partner und mehr als nur eine Aufgabe gefunden. Die Betreuung der Güter braucht die ganze Frau, von der Begutachtung der Ernte bis zur immer neuen Aufgabe, was man wo anbaut und je länger mehr auch die Frage, was man daraus macht. Da war am Anfang zum Beispiel ein Gut, dass eine edle Bio-Schweinerasse züchtete und mästete. Und was machte man aus diesem Schatz? Statt die Ware denen anzubieten, die ihren Wert zu schätzen wüssten machte man erst einmal feste Traditionswürste daraus, was immer weniger Kunden schätzen, geschweige denn zu diesem Preis. Auch für die alten Getreide wurde die Lösung versucht: Ein Brotback-Set mit einem speziellen Ferment für gesunde Biobrote ganz ohne Hefe. Dazu muss einem erst einmal etwas einfallen. Aber wenn man in der Nähe sucht, findet man zumindest Ideen.

Man könnte noch aus dem Brotbacken eine Art Event machen. Schließlich können Kinder heute nur selten miterleben, wie das geht. Genau richtig für Kindergruppen, für Kitas aller Art. Da kann Caroline direkt einsteigen. Erst einmal selbst das Brotbacken ausprobieren, sonst kann man andere überhaupt nicht anleiten. Dann erklären, was so alte Getreide wie Emmer und Einkorn sind. Dann den Bioanbau erklären und dann von dem Gut erzählen, dass die Getreidesorten anbaut.

Emmer und Einkorn sind alte Vorfahren des Weizen. Ihre Erträge können sich mit heutigem, Weizen nicht messen, wohl aber Geschmack und Verträglichkeit. Das heißt aber auch, dass der Anbau schwieriger ist. Nur auf gut vorbereiteten Böden und in einem entsprechenden Klima gedeiht das Getreide gut. Und natürlich ist es am Ende teurer als andere Sorten. Das setzt dem Absatz Grenzen. Also muss es der Erlebnischarakter des Angebots richten.

Caroline konnte schnell entdecken, dass die Brotbacksets dieser ungarischen Güter eine wirklich interessante Vorgeschichte zu bieten haben. Der wirkliche Knüller in diesen Backsets ist für sie allerdings das natürliche Backferment, mit dem das Brot aufgeht. Es wirkt ähnlich wie ein Sauerteig. Und das ganz wichtig: es funktioniert wie versprochen. Dafür hat es dann auch eine längere Entwicklungsgeschichte bei der in Ungarn aktiven Entwicklerin Christine durchlaufen.

Szendrő, Ungarn

Christine aus Hamburg hat in Ungarn nicht nur ihre Aufgabe im Aufbau der Landwirtschaft gefunden, sondern auch ihre Familie. Ohne das hätte man den Full-time-Job nicht bewältigen können. In Ungarn warteten große ehemals kollektiv geführte landwirtschaftliche Einheiten auf neue Konzepte und Führung. Basisarbeit war an allen Ecken und Enden nötig. Der ungarische Boden war gut, aber für den Bioanbau musste eine Fruchtfolge ausgedacht werden, die den Boden verbessert. Das Konzept des Sozialismus war eher die Auslaugung der Böden.

Wenn man ein neues Konzept umsetzen will, muss man die Landwirte überzeugen. Ein wesentlicher Faktor dafür, was Landwirte immer überzeugt, ist, dass man ihre Ernte gut verkauft. Aber auf dem Weg dorthin, müssen die Landwirte begleitet, freundlich überwacht und beraten werden. Der Bioanbau ist mühevoll und das sieht nicht für jeden gleich logisch und sinnvoll aus. Um die Ware gut zu verkaufen, muss man sich für die anspruchsvollen Aufkäufer immer mehr einfallen lassen: Nicht nur, dass immer Analysen verlangt werden zur Aufdeckung potentieller Gesundheitsrisiken durch Spuren ungebetener Zusätze. Hinzu kommt, dass erst einmal für die Schälung und Reinigung der Saaten gesorgt werden muss. Dazu benötigt man eine eigenständige Technik für die Aufbereitung. Und dann benötigt man mögliche langlebige Lieferbeziehungen, die dem Absatz der Ernteergebnisse Sicherheit und Stabilität geben.

Dazu kommen bei – wie immer in der Landwirtschaft – freilich noch die unbeherrschbaren Risiken: Wetter und schwankende Anbauergebnisse durch Regen und Nässe oder eben Trockenheit jeweils zum falschen Zeitpunkt. Und dazu der Wechsel der Nachfrage. Sind die Ernten für Sonnenblumenkerne in Frankreich schlecht, wird die Nachfrage stärker, insbesondere wenn Bio-Öle immer gefragter werden wie in den letzten Jahren. Wenn Dinkel und alte Getreide gesucht sind, ist der Preis für die Mühe o. k. Werfen sich zu viele Landwirte auf den Anbau in diesem Bereich, wird es immer schwieriger, den Landwirten eine ordentliche Bezahlung für den deutlich mühevolleren Anbau zu sichern. Das ist ja der Kern dieses Geschäfts: Ohne die Landwirte, die vor Ort die Arbeit machen, ist alles nichts. Und wenn man deren Einkommen durch einen guten Verkauf nicht sichern kann, glaubt bald niemand mehr an all die Anforderungen und Wünsche, die man sowieso schon an sie herantragen muss. Um dieses Schicksal abzufedern, bemüht sich Christine darum, einen gewissen Teil der Ernte direkt in Ungarn zu vermarkten und hat sich zudem für das Sorgenkind der komplizierten alten Getreide ein tolles Produkt ausgedacht: Fertige Sets zum Brotbacken mit Mehl aus besten alten Getreiden, fein vermahlen, dazu ein besonderes Ferment und gleich auch noch eine Form für den Backofen. Daran hat sie selbst lange getüftelt, den Wettbewerb mit allen erreichbaren Produkten ausprobiert und die eigenen Backergebnisse immer wieder kritisch unter die Lupe genommen. Schließlich konnte sie das eigene Produkt überzeugen. Das ausgesuchte, sorgfältig polierte Getreide, ob Emmer, Einkorn oder Dinkel sorgte zusammen mit dem Ferment für einen richtig guten Brotgeschmack. Und, was sehr wichtig ist: Auch im Backen Ungeübte, schaffen das. So sagten es wenigstens die Absender, aber ganz so einfach war es dann doch nicht, vor allem mit dem mitgelieferten Backferment: da stand in der Anleitung zu viel Wasser und schon roch der Teig zwar toll, war aber noch viel zu flüssig. Probieren geht über Studieren. Auch Caroline hatte dabei heftig zu kämpfen. Aber am Schluss war das Geschmackserlebnis so, dass selbst die kritischen Kinder es mochten, natürlich vor allem mit der selbstgekochten Erdbeermarmelade.

Brot backen mit Ferment statt Hefe oder Sauerteig

Bislang muss man ehrlich sagen, dass das Arbeiten mit Hefe immer noch die sicherste Methode ist. Aber das neuartige Ferment hält tatsächlich, was es verspricht. Man nehme für bis zum 500g Mehl 50g Ferment und einen halben Liter etwa körperwarmes Wasser. Das wird durchgerührt und kann dann einen Tag lang gehen. Nun füllt man den Teig in eine mit Backpapier ausgeschlagene Brotform und lässt ihn noch eine Zeit ruhen. Wer mag, kann den Brotteig noch in der Mitte einritzen und dann lässt man ihn etwa eine Stunde und 10 bis 15 Minuten bei knapp 200 Grad Umluft im Backofen backen.

Auf Brot und zum besonders lecker zum selbst gebackenen Brot

Die eigene Erdbeermarmelade.
Wenn´s einfach gehen soll und Kindern sofort gelingt.

Ein gutes Kilo reife Erdbeeren, die gut geputzt werden. Zwei Päckchen Vanillezucker, 500g 2.1 Gelierzucker.

Die Erdbeeren mit etwas Wasser leicht im geschlossenen Topf anköcheln. Dann mit dem Pürierstab zerkleinern, Vanillezucker zugeben. Die zerkleinerte Masse einmal mit dem Gelierzucker richtig aufkochen lassen,

gut rühren und dann heiß zum Beispiel in die klassischen Schraubdeckgläser abfüllen.

Um Haltbarkeit braucht man sich keine Gedanken machen, denn eine solch überschaubare Menge hält sowieso nicht lange.

Andere Ideen aufs Brot und zum Brot

Fein geriebener Rettich

Einen weißen Rettich fein raspeln. Mit Zitronensaft beträufeln, mit Kräutersalz und Essig würzen, eine kleine Zwiebel ebenfalls fein raspeln, dann noch etwas

Rapsöl hinzugeben. Jetzt zwei gute gefüllte Teelöffel mit veganer Mayonnaise unterrühren und gegebenenfalls nachwürzen. Das ist ein herrlich frischer Belag für schmackhaftes Brot, den man dann noch gerne mit Tomatenscheiben für sich verfeinern kann.

Der klassische Krautsalat mit einem Küchenkniff aus dem Fernsehen

Man schneide einen ganzen Spitzkohl sehr Feinblättrig auf. Für einen großen Kopf oder zwei kleine gebe man über die fertige Masse 2 bis 2 ½ Teelöffel feines Salz. Jetzt kommt der Trick: Man muss den fein geschnittenen Spitzkohl mit dem Salz kräftig und von Hand kneten. Dann tritt – und das spürt man sofort – einiges an Feuchtigkeit aus dem Kohl aus und das bewirkt, dass sich der Kohl einerseits besser mit der Würzung verbindet und auch zarter wird. Jetzt wird mit Zitronensaft, weißen Balsamico und Kräutersalz nachgewürzt. Nun wird eine mittelgroße Zwiebel dazu ebenfalls superfein geschnitten. Dann geben wir noch einen Teelöffel Rohrzucker hinzu und schmecken den Salat mit Rapsöl ab. Für den besseren Geschmack sollte er vor dem Verzehr ein paar Stunden ruhen. Auch am nächsten Tag schmeckt der Krautsalat fast noch besser.

Hotel Gagarinn, Odessa

Für Menschen, die die Welt nur aus Fernsehnachrichten kennen ist das schon Kriegsgebiet. In Wahrheit ist der Krieg hier weit weg. In jeder Beziehung. In den wirklichen Luxus-Lebensmittelgeschäften ist es gedrängt voll. Gut gekleidete attraktive Begleiterinnen erholen sich beim Kaffee vom Shoppen. Freilich, das ist nur die Welt derer, die dazugehören. Arndt hat es als Berater in die Gegend verschlagen. Die Unterstützung ausländischer Regierungen für ein Land wie die Ukraine besteht üblicherweise darin, Berater des zahlenden Landes dorthin zu schicken. So fließt das Geld im Grunde ins eigene Land. Über Geldflüsse ließe sich hier viel reden. Die, bei denen es fließt, schätzen die Vorteile.

Morgen moderiert Bast wieder eines der Informationsprogramme für Firmen. Seinen Job in diesem Bereich hat er im Prinzip neben seinem holländischen Sinn fürs Geschäft in erster Linie seinen deutschen Verwandten zu verdanken. Dass er für drei Jahre in Augsburg gelebt hat und daher die Sprache recht gut beherrscht und – wenn er es darauf anlegt, wie ein deutscher Geschäftsmann wirkt. Für den Rest kann er sich auf sein nicht gerade unattraktives smartes Aussehen verlassen. Er hat einen holländischen Journalisten dazu bekommen, für kleines Geld, etwas über Trends im europäischen Lebensmittelmarkt zu erzählen. Der hat sich bereits mit seiner Präsentation aufs Hotelzimmer verzogen. Wenn Bast am späten Abend den Tag mit einigen Gläsern Rotwein in den Schlaf zu bringen versucht, dann nervt ihn das, was für ihn „diese postsowjetische Empfängermentalität" heißt. Schließlich will er sich ja genau davon abgrenzen, um sich gut zu fühlen. Mit jedem Glas fühlt sich Bast diesem Umfeld überlegener. Gedankenverloren lächelt er einer Blondine zu, die zwei Tische weiter alleine sitzt. Für Aljona, so nennt sich die Blonde ist das Spiel bei Bast schnell gewonnen, sie weiß, Typen, wie ihn zu nehmen. „Du bist toll und ich bekomme immer, was ich will." Aljona ist alles andere als unbedarft.

Mit Wein und Lächeln wird jede Zunge gelöst und wenn man dann verständnisvoll zuhört, erfährt man schon…Lustig, wie diese europäischen Westler sich immer wieder verschätzen. Hier an der Schwarzmeerküste kennt man sich nicht nur mit Wein und Genuss sehr gut aus. Und so kam es, dass der durchaus ansehnliche Bast in seinem, Businessanzug dann bald nicht mehr allzu lange Herr der Situation blieb – was ihm wohl auch nicht so richtig unlieb war. Und so kam es auch, dass er dann am nächsten Morgen feststellen musste, dass er sowohl das Frühstück wie auch den pünktlichen Konferenzbeginn erst einmal verpasst hatte. Da feste Zeiten in der Ukraine anders als in Deutschland ein sehr dehnbarer Begriff sind, nahm an dem letzten niemand Anstoß. „Der vielbeschäftigte Bast, er hat immer noch etwas zwischendurch…"

Ukrainischer Borschtsch - lässt sich alte bäuerliche Esskultur in unsere Zeit retten?

Die Rezepte schrecken ab, weil sie mit ausgekochtem Rindfleisch und Zutaten wie Markknochen sowie mit viel Zeit entstanden sind. Da, wo das Essen sich fast von selbst auf dem alten Ofen zurechtköchelte. Und weil essen heute nicht in erster Linie Sättigung vermittelt, sondern ein Lebensgefühl, haben es diese Gerichte eben nicht ganz leicht.

Übersetzen wir die Zutaten einmal in die modernen Kleinportionen

Viel Gemüse: eine halbe Sellerieknolle, 3 größere Zwiebeln, 2 größere Karotten, 2 Knoblauchzehnen, eine Rote Beete, ein kleiner Spitzkohl, eine kleine Paprikaschote

Angeköchelt wird das Gemüse mit Sonnenblumenöl, gewürzt mit etwas Essig und Salz sowie Pfeffer. Später wird etwas Tomatenmark dazu gegeben. Wem der Fonds aus Rindfleisch und Knochen dazu nicht recht ist, der nimmt stattdessen Erbsenproteinmaterial für Fleischersatz, gewürzt mit Koriander, Salbei und Räuchersalz, geweicht in gewärmten Wasser mit Soja und Sonnenblumenöl und mit einer gehackten Zwiebel angebraten.

Zum Topping sind Dill, Petersilie und Schmand die Zutaten der Wahl. Damit der fertige Suppeneintopf frisch aufgepeppt und auch das zeigt, dass man hier durchaus eine hochwertige Esskultur aufzuweisen hat.

Food Hub, Odessa

Viele der Konferenzteilnehmer nutzten die Mittagspause zu Telefonaten. Jan hielt nach Vertretern interessanter Firmen Ausschau. Die Diskussion nach seinem Vortrag hatte ihn etwas enttäuscht.

Außerdem merkte Jan sehr wohl, dass die hier versammelten Teilnehmer alles andere wollten als Informationen von außen. Den jungen Profis ging es um Selbstdarstellung und die alten Hasen griffen halt die Gelegenheiten und Mittel ab, die staatlich geförderte Events so bieten. Ein echtes Matchen von Programm und Teilnehmern findet hier traditionell nicht statt. Man kümmert sich von Seiten der Ausrichter lange vorab um Fördermittel und dann erst in letzter Minute um ein Programm, das dem Kanon der Förderer entspricht und zuallerletzt auch noch um mögliche Teilnehmer. Mit anderen Worten: Externe Spezialisten wie Jan sollten vor allem als Feigenblatt dienen.

Jans Notizbuch

Von Bio-Schurkenstaaten und ehrlicher Herkunft

Immer wieder wird der Versuch unternommen, das Risiko für den Bioimport nach Ländern zu klassifizieren. Vor zehn Jahren traf zum Beispiel dieser Bann gerne Italien, ein Land, das damals – zumindest nach der Statistik – viel mehr Bioware anbot als manch anderes europäische Land und in der Tat sich auch durch einige Betrugsfälle einen gewissen Ruf dahin erworben hatte. Angesichts des chronischen Mangels an günstiger Bioware nutzte die Volksrepublik China manche Chance im Markt und auch hier deckten nachträgliche Analysen einige Schwachstellen auf. Zu einem so großen Land blühen leicht Spekulationen.

In diese Reihe geriet auch die Ukraine: Futterskandale mit angeblichem Biofutter bei Legehennen legten Teile der Belieferung mit Bioeiern wegen Sperrung der Höfe eindrücklich lahm. Und da man dem Land dann auch noch Korruption nachsagt – wie etwa zeitweilig auch Moldawien oder Rumänien – setzte sich der Ruf fest. Die Europäische Union verhängte mit der teilweisen Zollöffnung für die Ukraine gerade für Bioware strengste Importhürden, was Anforderungen und Analysen angeht. Von daher ist gerade in diesem Fall das Spiel klar geregelt.

An seinem Tisch saß ein jüngerer Importeur, der sich als Vlad aus Cherson vorstellte, ein wendiger Vertreter jener Generation, zu der man rein äußerlich den vom Schauspieler mutierten Staatspräsidenten zählen mag, auf jeden Fall jemand, der weiß, was er tut. Er exportierte zunächst Grundnahrungsmittel von seiner Familie und aus landwirtschaftlichen Betrieben, die er persönlich sehr gut kennt. Auf Jan wirkt er erfrischend realistisch. „Du musst die Leute kennen, deren Ware du anbietest, musst sicher sein, dass sie ehrlich sind, dass du Probleme mit ihnen fair lösen kannst. Und vor allem, dass sie verstehen, was die Märkte da draußen von ihnen haben wollen, beziehungsweise, was Leute überhaupt dazu bringt, ihre Ware zu kaufen: Vorteile in Preis und Qualität." Das waren die ersten realistischen Leute, die Jan hier gehört hatte. Für viele andere hatte der Vortrag von Jan wohl eher die Fragezeichen ausgelöst. Sich selbst aktiv um Kontakte und Verkauf zu kümmern, scheint hier noch immer eine ungewohnte Übung zu sein. Und deshalb ist das Interesse daran, was in Europa gerade Trend ist oder wie die dortigen Einkäufer ticken, eher gemäßigt. So eine ehrliche Haut wie Jan bekommt da eher ein schlechtes Gewissen, dass er als Fachmann hier eingeflogen wurde, aber die Firmen und Menschen noch überwiegend nicht so weit sind, mit dieser Hilfe etwas anfangen zu können.

Mareikes Kunde für das Thema Proteine hat wieder einmal zugeschlagen. Das Problem all dieser Proteinzwischenprodukte, aus denen Fleischersatz hergestellt werden kann, ist, dass jedes Produkt, welches die komplizierten Maschinen ausspucken, total unterschiedlich ist. Und jeder Hersteller solcher Zwischenprodukte kennt nur sein Ergebnis, eine wirkliche Vergleichbarkeit der Qualitäten gibt es nicht. Das ist die Hölle.

Für diejenigen, denen es um die Weiterverarbeitung von solchen Materialien geht, heißt es oft, viel Geduld zu haben. Bis ein Erbsenprotein aus dem Extruder wirklich nicht mehr unangenehm nach Erbse schmeckt, das dauert und ähnlich ist es auch bei Sonnenblumenprotein.

Mareike und Marie haben sich bei einem Libanesen getroffen, weil Mareike ihr noch einmal erklären soll, worauf es Anwendern bei diesen Proteinen ankommt. „Wir werden sehen, wie sich das entwickelt," meint Marie, „im Moment nehmen die erst einmal alle Materialien, die sie bekommen und es wird immer wieder behauptet, die kämen mit ihren Burgern und anderen Fleischersatzarten an echtes Fleisch in Aussehen und Geschmack heran. Für mich müsste das nicht sein." „Ich mag so etwas Pures mit Kichererbsen und schönen Gewürzen – wie das, was sie hier zum Beispiel machen – auch sehr gern und ich glaube, dass der Fleischersatz in diese Richtung auch sehr gut wäre. Der lebt sowieso von den Gewürzen."

„Zurzeit arbeiten wir in einem Hochsicherheitstrakt", fährt Marie fort, „dann kommen Kunden mit ihren Proteinen und Proteinmehlmischungen und wir dürfen das nur noch verarbeiten, keine Fragen stellen, nicht die letzte Geheimzutat erfahren. Und ja, wenn dann die Mischung so nichts ergibt. Wie konnte das sein? Schmeckt ranzig, bitter oder was? Aber nicht bei meiner Mischung." Teilweise sind das mehr Tests als Produktionen. Kein Wunder, dass jeder erst einmal bei den Proteinmischungen bleibt, die sicher laufen. Wobei, da ist selbst jede neue Charge von Material bereits ein Abenteuer." „Ja und wir, „fällt Mareike ein, "Wir sollen dann daraus den immer gleichbleibenden Geschmack machen. Da sind Linsen und Kichererbsen doch viel dankbarer…" Sagte es und nahm genüsslich noch eines der leckeren Kichererbsenbällchen. „Ist nicht leicht. Wir müssen immer so tun, als wüssten wir nicht, was da gespielt wird. Die anderen schielen nach dem großen Geld. Wir wollen die Lösung hinbekommen und ansonsten bitte nichts und gar nichts nach außen tragen…."

Kichererbsenbällchen gehen eigentlich einfach

Man nimmt 500 g vorgekochte Kichererbsen aus Glas oder Dose, trocknet sie und zerkleinert sie zu einem Gries, dazu kommen eine fein gehackte Zwiebel und ebenfalls eine Knoblauchzehe, fein gehackt, etwa drei bis vier Stiele glatte Petersilie, fein gehackt, ein Stiel Minze, fein gehackt, zum Würzen Salz, Pfeffer aus der Mühle, ein Teelöffel Zimt, und noch ein Esslöffel Tomatenmark. Damit die Bindung besser wird und sich wirklich Bällchen formen lassen, kommt Mehl dazu. Zum Braten nehmen wir Olivenöl.

Für eine schnelle Marinade dazu nimmt man Jogurt und würzt mit Raz El Hanout, einer tollen Gewürzmischung, die für Couscous und Kichererbsengerichte sehr gut passt.

ein-herz-fuer-bio.org

Wenn Biolebensmittel weiterhin die Nase vorn behalten wollen... Was muss passieren?

An Rückenwind durch die aktuellen umweltpolitischen Themen fehlt es zurzeit wahrlich nicht. Aber die Umsetzung in verkaufte und beim Verbraucher wirklich akzeptierte Bioprodukte und Bioeinkäufe gelingt nur, wenn auch das Bioangebot den aktuellen Herausforderungen gute Antworten geben kann. Was dazu gehört?

1. Glaubhafte, gut schmeckende und in der Zusammensetzung cleane Fleischersatzprodukte, fix und fertig für den Bedarf. Trotz aller Verehrung von Köchen und Kochsendungen etc. ist immer mehr Convenience gefragt

2. Gesunde und leckere Antworten auf den vegetarischen Burger-Hype. Wenn es einen Trend gibt, bietet er immer eine Chance ihn positiv zu besetzen

3. Angebote mit einem Gesundheitskonzept für alle ernährungstechnisch als hochwertig anzunehmenden Produkte wie Hülsenfrüchte, Nüsse, Superfoods aller Art

4. Die frische Bioernährung, vor allem aus Gemüse

und Obst als Lebens- und Ernährungskonzept
anbieten.

Merke im Blick auf Verbraucher: Menschen suchen nicht
nach Produkten, sondern nach Visionen, nach Zutaten
für Gesundheit, Schönheit und ein gutes Leben. Wenn
Bioprodukte das nicht transportieren, dann hilft auch
die beste umweltpolitische Einsicht in den Sinn von
Bioprodukten nicht weiter.

Heerlen

Wie kommt man an viele Verbraucher? Wie kann man
sie messbar beeinflussen? Und wie verdient man
damit Geld? Selbst für Caroline ist klar, dass die alten
Arten der Kommunikation auf die Dauer nicht mehr
ziehen. Kommunikation ist weder die Zahl der
Follower noch messbar an der Fülle der eigenen
Posts. Entscheidend ist, dass die Leute, die etwas
sehen, kaufen und bestellen. Die alte Leier in neuem
Gewand. Also hier noch einen Rabatt-Code einbauen
und dort noch eine immer-ähnliche Pose zeigen. Dazu
im Status Gewinnspiele und Bonus-Prozente und
irgendwo im Hintergrund eine Angebotsübersicht. Da
wird man dann zum 24-Stunden-Verkäufer sieben
Tage die Woche und erinnert seine Follower täglich
noch einmal an das eigene Profil.

Nichts und gar nichts mehr mit all dem Content, der
einst als so Google-freundlich gepriesen wurde. Video
statt Worte und Prozente statt Fakten.

Damit wird die Arbeit in den Netzwerken zur

Massenware. Überhaupt wird Kommunikation immer seltsamer: Sieht man ein Profil weiß, man oft wirklich nicht, was die Anbieter da bieten wollen: Nur Selbstbespiegelung, den Verkauf von Ware oder Dienstleistungen oder doch eher nur Bitcoins oder die eigene Kontaktsuche. Und der Wille, Texte zu Ende und vollständig zu lesen, oder gar nach alter Weise systematisch im Netz zu recherchieren, geht zu großen Teilen an der „Generation Handy" ziemlich vorbei. Darauf muss man sich erst einmal einstellen. Caroline kann inzwischen verstehen, warum ein Job wie der von Benny, dem Freund und Fotografen, darunter immer mehr leidet, weil Fotos zwar immer noch schön sein sollen, aber gleichzeitig zur absoluten Momentaufnahme verkommen.

Villa Rissen, Hamburg

Mareike wurde zu einem sehr internen Workshop eingeladen, auf dem Entwickler und Hersteller zusammen über die Entwicklungen und Perspektiven von Fleischersatzgerichten aus vegetarischen Proteinen sprechen. Schade, dass sie darüber nicht mit Jan sprechen kann, der im Moment sowieso wenig freie Zeit hat, aber für sie ein wichtiger Ratgeber sein könnte – ja wenn sie nicht ihren Auftraggebern eine absolute Vertraulichkeit hätte schriftlich zusagen müssen. Für diesen Fall ein paar Notlügen einpacken und alles ist noch besonders heikel, weil Jan auch noch gerade davon spricht, dass er zurzeit intensiv mit der Chefredaktion eines in Hamburg ansässigen Zeitschriftentitels arbeitet. Alles nicht wirklich einfacher, zumal das Thema der

Fleischersatzentwicklung ja in sich bereits kompliziert genug ist. Man lernt da jeden Tag wieder neu dazu.

Jahre zuvor begann diese Thematik vor allem unter Ölmühlen. Die sind aus wirtschaftlichen Gründen eigentlich seit Jahrzehnten dazu verpflichtet alle Nebenprodukte aus der Ölproduktion und Pressung zusätzlich zu verwerten, um noch profitabel zu sein. Im konventionellen Bereich geht das mehr um chemische Weiterverwertung, im Biobereich hat man Presskuchen sehr oft als Viehfutter verkauft.

Und dann kam die erste Proteinwelle. Viele Materialien wurden vermahlen und der Allgemeinheit als Proteinzusatz und „Mehl" angeboten, ohne genaue Ideen, was man daraus macht und längst nicht mehr nur die Presskuchenreste.

Wenn es dann um die Verarbeitung in fertige Produkte geht, da gab es seit früher Zeit eben nur Soja als Trockenprodukt, um es für die eigene Bolognesesauce oder für Klopse zu nutzen. Aber diese Produkte reichten zunehmen nicht mehr aus.

Und jetzt. Da wartet eine Welt neuer Fertiggerichte. Die Supermärkte und Handelsketten setzen immer mehr auf Frische. Gefragt sind also gekühlte Fertiggerichte, auch zum Thema Fleischersatz.

Und da benötigte die Herstellung wieder ihre eigene Technik und die Kühlkette. Von daher sind in diesem Punkt dann wieder Fleischverarbeiter im Vorteil, weil die Technik für Hackfleischprodukte und Wurst zumindest zu Teilen sehr ähnlich ist. Für die klassischen Verarbeiter von Trockenprodukten ist dieser Part ziemlich fremd und vor allem gehört er bislang überhaupt nicht zur Ausstattung. Wer sich also diesem Gebiet nähert, muss sich Wissen und Technik erst einmal extern und gegen Geld beschaffen.

Da sind zum einen Berater für die Herstellungstechnik und deren Prozesse gefragt und dann die für Würze, Konsistenz und Geschmacksergebnis. Und bei letzterem ist eben Mareike gefragt, gegen Bezahlung und mit strengen Konkurrenzklauseln und der Pflicht zu absoluter Vertraulichkeit.

Bei der Gelegenheit entspann sich ein ziemlich lehrreicher kurzer Austausch mit dem Entwicklungsleiter Jörg: „Warum schaffst du es gerade noch zu diesem Workshop?" „Wäre für jemanden wie dich doch bestimmt auch interessant, sich einfach mal im freien Markt der Informationen umzuschauen, um Techniken, Rohstoffe und Ideen aufzufangen…"! "Das müssen wir jemandem wie dir Mareike überlassen. Da reicht bei uns weder Zeit noch Kapazität." Und etwas sinnierend fügte er hinzu: " Wir verbrennen sicher viel Zeit in Meetings und sogenannten Abstimmungen. Sich draußen umzutun, da brauchen wir gar nicht erst anzufangen. Wir flicken immer nur eine Lücke mit dem nächsten Engpass…" Mareike spürt, dass es besser ist, da nicht nachzuhaken.

Rezept aus Mareikes Versuchsküche

70 bis 80 Gramm Erbsenproteinmaterial in Form von hackfleischähnlichen Würmchen reichen bereits für eine Mahlzeit für zwei aus, wenn man daraus etwa eine fleischähnliche Sauce zu Nudeln oder Reis herstellen möchte.

Wie es gemacht wird?

Man setzt eine Gemüsesauce an. Deren Zutaten werden zunächst mit etwas Raps- oder Sonnenblumenöl angeröstet: eine kleine Paprika, eine kleine Zucchini, Erbsen und Mais (wären auch aus dem Glas in kleinen Mengen möglich), fein gehackte Zwiebel und Knoblauch. Nach dem Anrösten wird die Gemüsemischung mit Tomatenpassata aufgegossen und individuell nach Geschmack gewürzt. Die Sauce wird nur kurz aufgekocht, dass die Zutaten noch leicht knackig bleiben.

In die fertige Masse wird die Erbsenproteinzutat eingestreut und untergerührt. Sollte die Sauce dafür schon zu dickflüssig sein, gibt man einfach etwas Wasser hinzu und lässt die Sauce ziehen.

Jetzt bereitet man dazu Reis oder Nudeln zu. Wenn die Beilage fertig ist, wird die Sauce noch einmal kurz erhitzt.

Einfach ein sehr leckeres vegetarisches Gericht. Was man dazu allerdings wissen sollte: Man sollte davon immer nur so viel bereiten, wie man benötigt. Obwohl das Trockenmaterial aus Erbsenprotein lange haltbar wirkt, ist es – einmal angerührt – nur noch maximal zwei Tage im Kühlschrank haltbar.

Ein-herz-fuer-bio.org

Trend-Thema: Vegetarische Proteine für Fleischersatz als Klimaschutz mit Geschmack

Auch wenn die Marktforschung im Moment – noch – nicht

in der Lage ist, dieses Thema im Lebensmittelmarkt abzubilden, der Trend und geradezu der Hype, das alles ist da. Ob Beyond Meat oder Next Level, die amerikanischen Vorreiter haben diesmal den europäischen Markt schneller denn je aufgerollt.

Kenner konnten das Thema längst anrollen sehen und auch ahnen, dass vegetarische Burger die Speerspitze sein würden. Für die traditionellen mitteleuropäischen Bio-Macher war dieses Thema deutlich zu technisch. Seit nunmehr vier Jahren diskutiert die Branche über Proteinmehle als Nebenprodukt aus der Kaltpressung von Bioölen. Aber nur wenige Player haben sich der Frage wirklich gestellt. Man vermahlt die Pressreste ohne exakte Qualitätsziele und dann mögen andere das irgendwie verwenden. So kamen dann abgepackte Produkte wie entöltes Bio-Leinmehl oder Bio-Kürbiskernmehl zustande. Neben das normal direkt aus der Mandel gemahlene Mandelmehl trat die entölte Variante, sehr erfolgreich, aber geringer Verfügbarkeit. Ohne große Anleitung lassen sich Proteinmehle vor allem im Bäckereigewerbe so als 5%-Zutat gut einsetzen, sie erhöhen die Wasseraufnahme, das Gewicht damit und die Haltbarkeit von Broten.

Aber der heutige Hype zeigt in eine andere Richtung. Er ist in der Herstellung mit dem Zauberwort „tvp" , für textured vegetable protein, verbunden. Derart aufbereitete Proteine sind in unterschiedlichen Größen, Beschaffenheiten und Geschmacksrichtungen herstellbar und dies auch noch auf der Basis aller denkbaren Proteine. Weit länger als die neuerliche Proteindiskussion gab es diese Produkte im Biomarkt als Soja-Chips unterschiedlicher Größe für vegetarische Bolognese und Bratlinge. Viele der alternativen Rohstoffe blieben in

Sachen Entwicklung in den Kinderschuhen und die Aufarbeitung von hochwertigen Erbenproteinen überließ man wie bei Reis und Soja eher chinesischen Anbietern.

Anders auf dem amerikanischen Kontinent: dort wurde die Bedeutung rechtzeitig erkannt. Die Folge - heute sind alle Hersteller, die diesen Zeitverlust für sich schnell ausgleichen möchten, in dem Zwang, mit wenig entwickelten und zum Teil noch gar nicht marktreifen tvps zu arbeiten. Aktuell ist der Markt der Vorprodukte für vegetarische Burger auf Wochen im Voraus leergefegt, für notwendige Entwicklungen ist keine Kapazität vorhanden.

Doch eines ist auch sicher: die Konsumenten werden in rasanter Weise immer geschmackskritischer gegenüber solchen Produkten. Schon bald werden sich Verbraucher nicht mehr nur mit dem puren Versprechen „Fleischersatz" zufriedengeben, sondern nach ihrem guten Geschmack suchen, werden feststellen, dass nur oberflächlich hergestellte Sojaprodukte eine Zumutung für die Verdauung sind und nach Klimaschutz mit Geschmack fragen. Und dann sind die Technologen gefragt. Wie macht man aus neuen Rohstoffen verkaufsfertige Produkte wie Bouletten, Burger, Schnetzel, Gulasch und mehr? Und wie bringt man sie fertig in den Markt, dass sie so von den neuen Zielgruppen wahrgenommen und akzeptiert werden? Und zum Schluss: Wie optimiert man die Produkte so, dass sie mit den besten Vergleichen aus USA mithalten können?

Ab und zu muss Caroline den Versuch unternehmen, dem kleinen Matz, ihre alte Heimat zu zeigen. Und so eine Institution wie das Café Prückel lässt einen Heimat noch etwas mehr spüren: Ein Café mit unheimlich viel steif wirkendem, schwarz livriertem Personal, mit dem aus den fünfziger Jahren eingefrorenen stilvollen Mobiliar und Menschen mit W-Lan und Laptop der Jetztzeit. Und eigentlich guckt sie sich ja auch gerne für sich selbst um. Bei Spar, Billa und Co. finden sich ja doch einige interessante Bioprodukte, die in dieser Form in Deutschland so nicht zu finden sind. Jedenfalls hat Caroline den Eindruck, dass die frischen Salate mit Linsen, Hummus und Bulgur dem Angebot in Deutschland geschmacklich überlegen sind. Vielleicht liegt es ja daran, dass die Wettbewerber hier auf ähnlichem Niveau handeln.

In Deutschland ist das Angebot so hart umkämpft und die Angebote der Handelsketten einfach nur vertriebs-orientiert: Discounter picken die großen Rosinen mit Bio-Fleischprodukten und innovativem Fleischersatz, für frisches Obst und Gemüse sind erster Linie die Vollsortimenter kompetent, ebenso für Milchprodukte – wenn es um ein breiteres Angebot geht. Wer in Deutschland Obst und Gemüse in Bioqualität sucht, findet zwar inzwischen in der Auswahl breitere Sortimente, aber das Convenienceangebot ist eher sparsam. In allen Produkten, die nicht gekühlt werden müssen, ist das Angebot der Drogeriemärkte inzwischen ziemlich überzeugend und bedient viele Wünsche. Immer wieder gehört es zu Carolines traurigen Pflichten, ihren alten Kunden vorauszusagen, dass etliche ihrer Neuentwicklungen im deutschen Markt wohl kaum punkten werden. Also muss e versuchen, ihren Kunden Neuentwicklungen schmackhaft zu machen, die aktuell im Trend liegen. Und die Ansätze dazu liegen auf der Hand. Man muss eigentlich sich nur um die aktuellen Moden kümmern: Milchersatz statt Milch, Proteine statt Fleisch, vegan, hoher Proteinanteil und daraus macht man dann eben möglichst einfache Produkte, die nicht zu kompliziert vorzubereiten sind. Nicht alles muss total fertig sein, wie etwa jeder Drink, der in Plastik verpackt oft mehr aufwändig verpackte Flüssigkeit enthält als wirklich nötig. Bei Fertiggerichten geht es schlicht darum, Verbrauchern immer gezielt das abzunehmen, was ihnen selbst schwerfällt.

Gott sei Dank geht es der Familie gut, weil Kay inzwischen mit seinem Job mit pflanzlichen Drinks fast eine Goldader erwischt hat. Seine aktuellen Probleme heißen vor allem: Rohstoffsicherheit und Produktionskapazität. Insbesondere Haferdrinks als Alternative zu Milch haben inzwischen ja eine Art „Siegeszug" angetreten und sind zu einem normalen Bestandteil des täglichen Lebens geworden. „Ja, wenn ich daran denke, als ich noch meine Hafermilch selbst gekocht habe. Bei den heutigen Mengen, wäre das viel Arbeit."

Ein-herz-fuer-bio.org

Wenn wir nachhaltige Ernährungssysteme für zukünftige Generationen gestalten und die vielen globalen Herausforderungen einschließlich der Klimakrise bewältigen wollen, ist es notwendig, dass die Regierungen Prinzipien und Praktiken des ökologischen Landbaus aufgreifen. Dies ist eines der wichtigsten Ergebnisse einer neuen Studie, die zum 4. Jahrestag der UN-Ziele für nachhaltige Entwicklung am 25. September 2019 in Europa, Asien und Nordamerika erschienen ist. Demnach hilft der ökologische Landbau entscheidend, um die UN-Ziele für nachhaltige Entwicklung (SDGs) zu erreichen.

Die Studie mit dem Titel „Ökologische Landwirtschaft und die UN-Ziele für nachhaltige Entwicklung – Teil der Lösung" wurde erstellt im Auftrag des Bio-Großhändlers Eosta aus den Niederlanden. Die deutsche Ausgabe wird ergänzt durch ein Zusatzkapitel, das die Arbeitsgruppe nachhaltige Ernährung im Rahmen eines Naturland Projekts erarbeitet hat. Darin wird beleuchtet, wie über „Bio" hinaus weitere „Grundsätze für eine Nachhaltige Ernährung" den Beitrag zu den SDGs noch steigern können.

Man kann natürlich angesichts der UN-Ziele die Auffassung vertreten, dass selbstverständlich auch die konventionelle Landwirtschaft in der Lage wäre, solche Ziele zu erreichen. Nur Erfahrungen wie bei denen mit Glyphosat zeigen, dass dieses nur mit drastischen Strafen und Verboten umzusetzen wäre, vor denen heute viele zurückschrecken. Die Stärke des ökologischen Landbaus ist es zudem, dass er neben der Vermeidung von schlechten Wirkungen für Mensch und Natur auch zeigt, wie man positiv mit der Natur zugunsten der Menschen wirtschaftet.

Und noch etwas Anderes sei nicht zu vergessen: Der hinter dem ökologischen Landbau stehende Lebensstil zeigt Menschen den Weg zu einer nachhaltigen Ernährung. Die Frage, was gut und gesund für Menschen ist, ist bei aller Aktualität heute mehr denn je Geschäftsgegenstand von Firmen und Produktanbietern wie von Verlagen aller Art, die damit vor allem ihr eigenes Geschäft betreiben. Was wirklich gesund ist, bleibt für durchschnittliche Endverbraucher nicht immer leicht herauszufinden. An diesem Punkt lässt sich der Biogedanke gut mit Ernährungswissen verzahnen. Möge eine Wende in der Agrarausrichtung noch wesentlich allein mit den Landwirten zu realisieren sein, die nötige Neuorientierung in der Ernährung ist nur möglich, wenn es gelingt, viele Verbraucher zu einer dauerhaften Umstellung auf eine gesündere Lebensweise zu gewinnen.

De Pipe, Amsterdam

Mareike ist wieder in einer Versuchsküche. Wieder der Geheimjob und wieder darf Jan nichts davon wissen. Vorbereitet sind viele geschlossene Gefäße mit TVPs, also textorierte Pflanzenproteine und textoriert bedeutet: in eine andere Struktur gewandelt als der Ausgangsstoff. Für manche soll das wie Fleisch aussehen, für andere soll man damit schlicht ähnliche Rezepte umsetzen können wie ein Zwischending zwischen einem Grünkernburger und Hackbällchen.

Es gibt zwei Aufgaben: Zunächst die schön praktische. Die Frage beantworten mit welchem Verfahren aus solchen Zutaten ein fertiges Produkt verarbeitet werden kann. Schon das benötigt Übung und Vorerfahrung: Wie zaubert man Geschmack in das

Endprodukt? Inwiefern lassen sich fleischähnliche Produkte formen? Wie kann man Mundgefühl, Geschmack, Geruch und Endprodukte auf ein gewünschtes Level bringen? Das sind eher die nachvollziehbaren Seiten.

Dann kommt die Geheimwissenschaft: Welche Zutaten nimmt man? Erbse, Sonnenblume, Hanf, Bohne, Soja, Getreide? Die Auswahl ist groß und dann gibt es noch Mischungen und immer die berühmte Frage: Wieviel Restfett, wieviel Faserstoffe im Ausgangsprodukt.

Und da schließlich setzt dann der nächste Punkt an: Es gibt ein kleines Lager von Referenzmustern und die sollte man von Zeit zu Zeit im wahrsten Sinne des Wortes beschnuppern. Denn da riecht man Lagerfähigkeit. Jeder Hauch von Muff weist auf ranzig gewordenes Restfett hin und das riecht man meist intensiver als man es schmeckt.

Seit Mareike an diesem Projekt arbeitet fühlt sie sich ziemlich einsam: Kein Wort zu Jan darüber. Keine Notiz außerhalb dieser externen Versuchsküche. Sie arbeitet tagsüber in Schutzkleidung und darf erst draußen vor dem Versuchsareal ein wenig Parfum nutzen, um diesen trocken-getreidemäßigen Geruch aus dem Versuchsumfeld etwas zu überdecken.

Solange Jan viel unterwegs ist, alles gut. Aber, wenn er auch in der Stadt zu tun hat, beginnt das Spießroutenlaufen und Versteckspiel: Da fragte er neulich so seltsam: „Gibt es da etwas, was ich wissen sollte?" Wenn man sich ändert, haben Männer dazu meist nur eine Idee. Man könnte, denken, das ist auch bei Jan so. Aber das lässt sich im Moment kaum ändern.

Aber da kommt Mareike dann doch noch ein glücklicher Umstand zur Hilfe, in Form eines Anrufs von Kay, der über seine Frau Caroline und deren langjährigen Kollegen Jan zu ihrer Nummer gefunden hatte. „Wir haben da ein Projekt, wo wir deine Hilfe brauchen. Eine Geschmacksentwicklung, die nicht ganz leicht ist. Ich schicke Dir einmal verschiedene Sorten unserer Hafermilch aus unterschiedlichen Werken für die Entwicklung von Mixgetränken zu. Wir hätten da gerne einen externen Schulterblick." Endlich mal wieder ein kleiner Job, den man daheim offen zeigen kann. Da kann man in Ruhe Säfte und Mischungen mit Hafermilch mixen und schauen, was an Geschmack, reduzierter Fruchtsüße und Abfüllmöglichkeiten herauskommt. Auch spannend und nicht ganz so kompliziert wie der harte Kampf um Fleischersatz.

Ein paar tolle Drinks

Man nehme zu einem Drittel einen Multifruchtsaft und mische ihn mit zwei Drittel Hafermilch. Alles gut schütteln kühlstellen und vor dem Servieren noch einmal schütteln. Der Vorteil dieses Drinks ist: wenig Fett und vor allem deutlich weniger Zucker als ein reiner Fruchtdrink.

Bei roten Früchten kann man gut eine Art Smoothie als Grundlage nehmen, also pürierte Früchte, gerne auch eine Mischung zum Beispiel aus Erdbeere und Kirsche. Kirschen runden hier den Geschmack sehr gut ab. Und noch ein wichtiger Tipp: Derlei Mixgetränke funktionieren nur mit einem milden Haferdrink, auch diese gibt es geschmacklich in einer großen Auswahl von unterschiedlichen Varianten. Man darf sich – je nach Verfügbarkeit – eine Menge einfallen lassen.

Wie entwickeln sich Bio-Obst und Bio-Gemüse in Handel und Konsum in Deutschland?

Nach den Bioeiern waren diese beiden Kategorien für die Bio-Entwicklung in Deutschland seit den ersten Anfängen vor 20 Jahren die Stars. Im Unterschied zu den europäischen Nachbarn waren Obst und Gemüse stets die Treiber der Bio-Entwicklung. Wie wichtig sie sind, erkennt man auch daran, dass in der jetzigen Erfolgsphase in Frankreich der wesentlicher Bio-Umsatzboom in diesem Bereich stattfindet.

Grund genug, sich die deutsche Entwicklung genauer anzusehen. In Deutschland gelten Obst und Gemüse als die Domäne der Vollsortimenter. Seit Beginn des Eintritts von Bioprodukten in deutschen Massenmarkt waren Biokarotten und Biobananen die Massenprodukte. Fangen wir mit dem Obst an: Konventionell sind Bananen und Äpfel die Kernprodukte. Warum ist das in Bioqualität so anders, wenn man sieht, dass der Mengenanteil bei den Bananen erdrückend hoch ist. Das ist nur die halbe Wahrheit: Im Umsatz ist der Abstand zwischen Bio-Bananen und Bio-Äpfeln deutlich geringer.

Noch verwirrender ist die Lage bei Gemüse und Fruchtgemüse. Hier liegen im Absatz bei konventioneller Ware die Tomaten deutlich vor Karotten. Das ist in Bio mengenmäßig umgekehrt: Hier liegen die Karottenabsätze in der Menge sehr deutlich vor Tomaten. Schaut man sich hingegen den Umsatz an, dann geben die Deutschen inzwischen deutlich mehr für Bio-Fruchtgemüse aus als für Karotten.

Was schließen wir aus diesen Beobachtungen? Der Biomarkt für Obst und Gemüse wird auf die Dauer nicht von den Massenträgern und Flaggschiffen getragen, sondern lebt von einem breiten Qualitätsangebot. Dort hätte auch der Bio-Fachhandel einen Platz, wenn da nicht die klassischen Probleme mit der Frischequalität wären. Angesichts der Tatsache, dass hochwertiges Obst und Gemüse aus Gesundheits- und Ernährungsperspektiven heute mehr denn je empfohlen werden, ist der Markt für hochwertige Bioangebote bereit, wenn sie den Qualitätsvorstellungen der Käufer entsprechen. Der Markt benötigt ein Angebot, das ernährungsnah ist, was Biokunden mit der Inspiration versorgt, die aus gut angebauter Ware den Weg zu guter Ernährung zeigt.

Jungfernstieg, Hamburg

Es ist Freitag und Jan hat es geschafft, seine Termine so zu legen, dass er am Vormittag hier Zeit hat, sich unter die „Fridays for future"-Demo der Schüler zu mischen. Längst ist er nicht mehr der einzige Ältere. „Wie lange wird hier schon diskutiert, den Autoverkehr in der Innenstadt zu beschränken?" „Müssen die Menschen wirklich jeden Tag Fleisch essen?" „Wollen wir weiterhin in Plastik und Plastikmüll ertrinken." Die Diskussionen sind heftig, besonders wenn eine Gruppe glaubt, dass sie in Gespräch gerade auf noch nicht so ganz überzeugte Passanten trifft.

Aus Jans Notizen: Essen fürs Klima

Es gibt eine simple Milchmädchenrechnung: Ein Kilo Pflanzenmaterial als Frucht, Knolle oder Samen ist in der Ernährung ein Kilo als Nahrung. Ein Kilo Fleisch sind je nach Sorte 20 bis 40 Kilo Futter bis daraus Fleisch wird. Hier liegt der Kernunterschied. Und wenn dann zu einem solchen Kilo pflanzlicher Nahrung weniger Aufwand für Transport und Verpackung kommen, dann wäre das ideal.

Dieser Aufruf gilt vor allem für die Kontinente, in denen regelmäßig Fleisch gegessen wird: Europa, Amerika, Australien. Würde man auch nur erreichen, dass der Durchschnitt der Bevölkerung zwanzig Prozent weniger Fleisch isst, darf man bereits messbar positive Folgen für die Gesundheit erwarten: Vermutlich weniger Herz-Kreislaufleiden. Außerdem würde der unbändige Bedarf dieser Märkte nach zusätzlichem Vieh- und Mastfutter gebremst und damit die Verteilung von Ernährungsressourcen entkrampft. Will sagen, die Reichen würden nicht in derart starkem Maße den weniger Reichen die Proteine für die unsinnige Fleischmast wegkaufen.

Über einen vernünftigeren Ernährungsstil ließen sich manche Probleme auf der Erde entkrampfen. Und hier sehen die Menschen, dass Verbraucher etwas verändern können. Diese Veränderung ist - nebenbei bemerkt - kein Verzicht, sondern ein Gewinn an Geschmack, Gesundheit und an Überlebenschance angesichts des drohenden Zusammenbruchs des Klimas. Der Ausdruck „Klimawandel" klingt so gefährlich normal.

„Klimasturz" oder „Klimakatastrophe" wäre da wohl angemessener.

Mein Fazit: Plant-meals for future!

Und schon sitzt Jan mit einer Gruppe von Schülern auf den Treppenstufen am Rathausmarkt und hat Freude an der Diskussion. Jan erzählt ein wenig davon, was ihn seit langem als Szenejournalisten umtreibt. „Pass auf, dass du nicht den Greenwashern auf den Leim gehst", ermahnen sie ihn, „davon gibt es so viele und die laufen hier überall rum. Ich hab von einem konventionellen Kaufmann in Altona gehört, der zur Eröffnung seines Biomarkts eine lebendige Kuh in die Stadt gezerrt hat. Ein tolles Beispiel für das viel beschrieene sogenannte Tierwohl und für Öko sowieso ein No-Go." Jan versuchte zu überspielen, dass er errötete. Das war wohl genau der Markt, den er sich zusammen mit Benny, dem Fotografen anschauen wollte. Und der erlöste ihn nun gerade rechtzeitig aus dem Gespräch. Denn Benny wollte von Jan noch ein paar farblich interessante Trendrezepte abstauben und war dafür eben bereit mit Jan und seinem Fotoapparat in die Harkortstrasse zu fahren, um den neuen Markt anzugucken. Und der Zufall wollte es, dass sie auch noch unterwegs Peter trafen, der für dieses Konzept verantwortlich zeichnet. Gut, das dies gerade jetzt kam. Denn der konnte selbst Jan etwas versöhnlicher für dieses Konzept einstimmen. „Also wir machen dieses Konzept nur mit Kaufleuten, die wirklich von Bio überzeugt sind. Das wird nicht alles am ersten Tag schon funktionieren. Da müssen auch die Mitarbeiter mitgenommen werden. Wir lassen dem Zeit. Ich würde mich freuen, wenn wir in ein paar Monaten einmal darüber sprechen könnten." „Gute Einstellung", dachte Jan.

Ein-herz-fuer-bio.org

Die ersten Naturkind-Märkte von Edeka: Eindrücke aus der Harkortstrasse in Hamburg

Das Viertel nennt sich im Vorgriff auf die Zukunft Neue Mitte Altona und der **Naturkind**-Markt ist stylisch in einer Galerie alter Schuppen eingebaut, zusammen mit dem dazugehörigen Edeka-Markt, aber getrennt. Im Vergleich zu den einschlägigen denn´s oder Alnatura ist das Frischeangebot etwas professioneller präsentiert, aber wie dort auch mit einigen Mängeln: Es fehlt ein Stück frischer Convenience und ja, das Frischeangebot mag regional sein, es wäre gerade bei Obst und Gemüse noch attraktiver in den Angeboten zu machen. Ob die Kunden hier besonders viel trinken: alle Getränke sind reichlich vorhanden.

Im Trockensortiment fehlen einem ein wenig die Blickfangangebote, die einem die Ware interessanter machen würden und die langen Metallregale etwas mehr auflockern. Das heute wohl obligate Unverpackt-Angebot fehlt nicht.

In den Anfangstagen beleben regionale Verkostungen das Bild, sie fangen vor allem die sicher noch etwas fremdelnden Biokunden auf. Schließlich ist im benachbarten Ottensen ja Bio reichlich vertreten. Und auf dem Spritzenplatz gibt es regelmäßig den Ökowochenmarkt. Aber solch ein Kalkül hat seinerzeit

82

auch dem Rewe-Temma-Markt in Blankenese nicht wirklich geholfen. Für Biokunden braucht es mehr, eine Art Bio-Heimat, wo man spürt, dass die Anbieter auch ein eigenes Bioangebot verkörpern. Ob das der selbstständige Edeka-Kaufmann hinbekommt? Der benachbarte Riesen-Rewe-Markt wirbt für nebenan in Altona mit einem hochwertigen Bioangebot. Aber das allein ist es nicht. Nur wenn so ein Anbieter seine Biokunden und ihren Lebensstil versteht, kann ein Naturkind-Markt wirklich ihr Markt werden. Dazu gehört natürlich zuallererst ein Personal, das diesen Geist atmet und daneben ein Angebot, das auch diesen modernen Geist, dass Bio hilft, das Klima zu retten ein wenig atmet.

Trendrezepte mit interessantem Farbenspiel:

Ein grüner Linsen- Grünkernsalat

Grünkern in etwas Gemüsebrühe bissfest vorkochen. Kleine Grüne Linsen wie die französischen Puy-Linsen knackig kochen. Beides in einer Mischung von Zitronensaft und weißem Balsamico einlegen. Würzen mit Kräutersalz und Kreuzkümmel, dazu etwas schwarzem Pfeffer. Den Salat mit Olivenöl verfeinern und kleinen frischen Ingwerwürfeln und mit klein gewürfelten Frühstücksgurken dem Salat eine frische Note verleihen, optional und nach Saison, kann man auch klein gewürfelte Radieschen zusätzlich in den Salat mischen. Für die grüne Farbe dann gerne noch etwas gehackte Petersilie und – falls frisch zu haben – auch noch etwas Koriander darüber streuen.

Rote- Beete-Suppe

Frische Rote Beete schälen und fein raspeln. In Gemüsebrühe garen. Auf Wunsch etwas geraspelte Karotte hinzugeben und nach dem Aufkochen auf der heißen Herdplatte ziehen lassen. Mit Kräutersalz, Muskatnuss und einer Idee Kreuzkümmel abschmecken und einer Hafer-Creme-fraîche etwas abbinden.

Der schnelle Mango-Smoothie

Eine frische Mango schälen, und von ihrem Kern befreien, dazu eine kleine Banane schälen, beides zusammen mit ein paar Stücken geschältem Ingwer pürieren und mit fertigem Orangensaft aufgießen. Mit einer Zitronenscheibe und einem Minzezweig anrichten.

Ganz in Weiß mit buntem Gemüse

Violette Karotten, Rote, Beete jeweils schälen und dünsten, sowie – wegen der sonst zu starken Verfärbung – davon besser getrennt auch noch Kohlrabi und Gelbe Rüben. Dazu bereiten wir eine frische Meerrettich-Sauce vor.

Meerrettich fein raspeln, in Zitronensaft ziehen lassen, in Gemüsebrühe leicht anköcheln und mit 2 – 3 Teelöffeln Mehl zu einer Sauce binden und diese klümpchenfrei durchrühren, mit Kräutersalz und Muskatnuss abschmecken. Der Klassiker verlangt nach Sahne, man kann aber auch Hafercreme und ein gutes Rapsöl nehmen. Alles zum Schluss gut pürieren und mit Petersilie servieren. Fertig ist das Farbenspiel.

Wo der Biomarkt wächst: Rohwaren, Produkte und Verbraucherwünsche

Im ersten Halbjahr 2019 ist der deutsche Biomarkt kräftig mit über 15 % gewachsen. Da fragt sich jeder, in welchen Bereichen sich solche Zuwächse denn konzentrieren. Exakte Zahlen existieren hauptsächlich für den Frischebereich. Für wesentliche Bereiche wie etwa Frühstückscerealien fehlen detaillierte Zahlen. Die Entwicklung im Bereich der frischen Bio-Brote ist im Vergleich zu anderen Bereichen deprimierend mit weniger als einem Prozent Wachstum. Dagegen macht Biomehl mit 18 % mehr Konsum gerade eher einen Höhenflug.

Schaut man einmal über den eigenen Tellerrand, dann ahnt man, dass Getreide, Pseudogetreide, Hülsenfrüchte und Ölsaaten in Zeiten, in denen doch alle das Klima retten wollen, Zuwächse haben müssten. Allgemeine statistische Daten dazu gibt es derzeit wohl nicht auf verlässlicher Basis. Wohl aber Anhaltspunkte aus der Praxis von Produzenten und Handelsketten. Und wenn man da die eben nicht öffentlich verfügbaren Herstellmengen und Absätze nimmt, dann sprechen die für einen gewaltigen Boom, zum Beispiel bei Haferdrinks.

Die Stichworte proteinreich, vegan und klimafreundlich machen da wohl auch bei Kaufentscheidung und Produktwahl die Runde. Ob nun von Klimaschutz oder besserer Gesundheit die Rede ist, alles läuft auf einen ähnlichen Ernährungsstil als Antwort hinaus. Die offene Frage ist immer noch, welche Kunden in wie starkem

Maße heute bereits nach diesen Vorstellungen leben. Eines bestätigt dazu die Praxis: den Takt dafür geben längst nicht mehr Biopioniere oder Angebote aus dem Biobereich, sondern die allgemeinen Trendsetter, denen die Biobranche dann oft nur noch mit Mühe hinterherhechelt.

Messe Köln

Mareike hat einen heiklen Job: Aussteller aushorchen. Sie sucht auf der Lebensmittelmesse nach Ausstellern mit den Produkten, die auch ihre Kunden – aber natürlich viel, viel besser – gerne selbst entwickeln würden. „Woraus wird dieser tolle Fleischersatz hergestellt? Aus Sonnenblumenprotein... hm--- extrudiert?...nass oder trocken... Woher kommt der Geschmack?..." Zwischendurch müssen viele Stände und ihre doch nicht passenden Angebote aussortiert werden und auf dem Weg hört sich Mareike auch geduldig und scheinbar interessiert viele Nebensächlichkeiten von angeblich genialen Köchen, von tollen Kompositionen und immer wieder von authentischen Marken an. Viel heiße Luft um wenig Produkt. Und das Peinliche: Vor allem die Firmen und Vertreter der eigenen Bioeinstellung machen die kläglichste Figur. Illusionen und fromme Wünsche und leider nur wenig gelungene Entwicklungen und richtig überzeugende Produkte. Dafür erfährt man auf den Gängen dann aber doch noch den einen oder anderen brauchbaren Tipp. Know-how und qualifizierte Herstellkapazitäten sind rar. Und die bittere Wahrheit ist auch hier, dass nur Firmen mit einem wirklichen Entwicklungsbudget sich eben auch abgesicherte

Grundlagen für die Produktion erarbeiten können. Zwischendurch macht Mareike die Bekanntschaft von Sheila. Ihre Firma geht einen ganz anderen Weg für hochwertige Proteine: Sie züchtet Saaten für Hülsenfrüchte mit einem höheren Proteingehalt. Keine Genmanipulation, aber eine aufwändige Entwicklung. Zupackende Amerikaner und Kanadier setzen auf diese Lösung. Eigentlich ein intelligenter Weg. Aber nur etwas für zielstrebige Unternehmen mit entsprechendem Geld. Ist das das Geheimnis der wirklich erfolgreichen Produkte? Vorstellbar.

Klima retten mit Trendrezepten

Erbsenproteinauflauf mit viel Gemüse

Für solche Rezepte reicht ein extrudiertes 50%iges Protein, das immer mehr auch aus europäischer Herkunft herstellbar ist. Das lege ich kurz in einer Tomatensauce, italienisch gewürzt und mit Peperoni, einer klein gewürfelten Paprika, Knoblauch und Zwiebel gewürzt ein. Die Basismasse fülle ich in eine feuerfeste Form. Wir rechnen etwa 60g Protein pro Person.

Dazu trockne ich - jeweils mit einer Mischung aus Kräutersalz und Zwiebeln bestrichen - Scheiben von Zucchini und Aubergine im Backofen bei Umluft mit 180 Grad an, dass sie leicht gebräunt sind. Das so vorbereitete Gemüse lege ich auf die vorbereitete Masse in die feuerfeste Form und streue für die vegane Version Tofu darüber, sonst etwas Feta. Alles zusammen kommt noch einmal bei ca. 180 Grad Umluft für 20 Minuten in den Backofen und fertig.

Hülsenfrüchtemischung mit Proteinanreicherung

Der Witz dieser Gerichte ist schlicht, dass sie mehr sättigen als ein reines Gericht aus Linsen, Kichererbsen, Bohnen & Co, denn Hülsenfrüchte bringen es eben nur auf 20-25 % Proteingehalt. Als Linsen nehmen wir gerne die dunkelgrünen kleineren Linsen (sehen aus wie die französisichen Puy-Linsen), die man vorkochen muss, zusammen mit kleinen schwarzen Bohnen (ebenfalls vorzukochen – das tun wir praktischerweise mit Karottenstückchen) und geben später die fertigen Kichererbsen aus dem Glas hinzu. Die muss man vor dem Verwenden gründlich abspülen und trocknen.

Auch für dieses Gericht verwenden wir eine sehr leichte tomatige Sauce als Basis. Gewürzt wird nach individuellem Geschmack. In die fast fertige Mischung kommen die Proteine für die letzten 5 Minuten der Garzeit und wir lassen die Mischung dann noch ein paar Minuten zum Ziehen stehen. Fürs Auge kann man in dieser Phase auch noch eine kleine Menge Mais untermischen.

Die fertige Mischung servieren wir auf ein paar Ruccolablättern in Bowls und streut noch frische Petersilie darüber.

Ein-herz-fuer-bio.org

Und was nehmen wir von ANUGA an Trends für Bio, Vegan & Co. so mit?

Die Messe, selbst die Anuga mit 100 Jahren im Gepäck, ist nie die Alte, aber auch nicht so neu, wie man vielleicht erwarten könnte. In Sachen Fleischersatz ist das Ziel inzwischen für etliche Anbieter zwar klar: Pflanzliche Produkte statt tierische. Aber die Ansätze in der Umsetzung und Präsenz auf der Messe nehmen sich dann doch eher bescheiden aus: Der Aufmerksamkeitspunkt ging klar an Beyond Meat am Wiesenhof-Stand und dann kam erst einmal wenig.

Im Biobereich war man sich von Haus aus einig: Plant-based ist die Zukunft. Aber die Angebote dafür nehmen sich eher bescheiden aus. Zusammengeformte Pilze und andere rund gepresste Substanzen, die an alles nur nicht an Burger, Bratlinge oder pflanzliche Frikadellen erinnern. Innovationen, die keine sind. Die Anbieter von fertigen Bio-Produkten tummelten sich nur gesammelt in einer Warenpräsentation ohne Angebotscharakter und die restlichen Angebote waren nur bedingt erregend. Das klassische Tofu-Angebot rettete da noch in gewisser Weise die Ehre, weil in diesem Bereich wenigstens wichtige Anbieter, wenn auch längst nicht alle, mit ihren Produkten vertreten waren. Aber pflanzliche Produkte jenseits der seit Jahren im Prinzip bekannten Tofu-Angebote waren rar, ab und zu in zaghafter Entwicklung, meist noch nicht wirklich ausgereift.

Das Tempo der Innovation und der Druck überzeugender neuer Produkte – das fehlte weitgehend. Als Branchentreffpunkt ist eine solche Messe immer wieder toll, aber für die Anregung mit neuen Produkten doch eher von mäßiger Qualität. Vermutlich wurde an etlichen Ständen darüber gesprochen, aber gezeigt wurde weniger als erwartet.

Vesterbro, Kopenhagen

Olgas Café ist weiterhin ein Hotspot der Foodies. Aber sie muss etwas dafür tun. Hauptrenner ist das Brunch-

Angebot. Da hat es sich einfach eingebürgert, dass sie süß wie herzhaft etwas zu bieten hat. Ihr aktueller Renner: Kerniges Porridge. Ein leckeres, süßes Rezept, das sie selbst ausprobiert hat.

Herzhaft ist der Liebling der Gäste ein Bratling aus wechselnd geraspeltem Gemüse und Erbsenprotein, den Olga inzwischen routiniert nach eigenem Rezept ansetzt. Da hilft ihr der stillschweigende Kontakt zu Mareike sehr, die ihr aus unendlichen Versuchen manchmal kiloweise Material zuschanzt und so noch immer die Tatsache überbrückt, dass nicht alles Proteinmaterial nach Wunsch zu haben ist. Eine sehr lästige Wahrheit. Aber Mareike hat ihr signalisiert, dass sie hofft, dass diese Tatsache vielleicht ein Ende haben könnte. „Ich kann nicht darüber reden, aber es wird jetzt vorangehen. In größeren Mengen ist das Erbsenmaterial inzwischen verfügbar und mein Traum von dem vegetarischen wird demnächst Wirklichkeit."

Olga weiß, dass das wirklich eine gefühlt endlose Warteschleife war. Innovation mit Hindernissen. Gut, dass man über das all das mit niemand offen reden konnte. Es hätte einem sowieso niemand geglaubt.

Olgas Sonntagsporridge

Um den Geschmack zu variieren nimmt sie mal frisches Apfelmus – alles ganz fein püriert – oder Birnenmus oder auch Pflaumenmus. Das wird je nach Geschmack mal mit Zimt, mal mit Vanille oder auch beidem abgeschmeckt und zusammen mit geschroteter Leinsaat und groben Haferflocken eingeweicht oder vorgekocht.

Die Masse verbindet sich nach längerem Ziehen zu dem Eindruck stückiger Früchte, obwohl sich diese Illusion allein den Haferflocken verdankt. Diese super-leckere Masse rührt man zum Frühstück in eine Müslimischung oder Flakes, ganz nach Geschmack. Damit die Gäste auch den Wert dieses Geschmacks richtig wahrnehmen wird die Masse in kleine Weckgläser portionsweise abgefüllt, was den Wert dieser Frühstückszutat entsprechend hervorhebt.

Was die Proteine angeht, da merkt Olga einfach, dass die durchschnittlichen Verbraucher da einfach nur sehr schwer durchblicken können. Und in Dänemark sind die auch noch nicht so verbreitet. In Deutschland waren seit den Veggiemessen die ganzen Tofuprodukte längst bei der Allgemeinheit gut angekommen und selbst bis nach Frankreich hatte es Tofu gebracht. Aber alles andere war eben schwer. Und wie bei den ganzen Jackfruit-Produkten kam Fleischersatz leicht in die Ecke, dass einfach nur – vorsichtig ausgedrückt – geschmacksarme Substanzen in viel Sauce und Fett getaucht sind. Kein Wunder, wenn überall im Land noch eher die Gemüseburger als Alternative vertreten sind. Die schmecken wenigstens, sättigen aber eben nur bedingt. Gerne hätte sich Olga auch mal darüber mit Jan unterhalten, der ebenfalls viel von Rezepten versteht. Nur das hat ihr ja Mareike ausdrücklich untersagt. Wenn Olga die Sache richtig verstanden hat, dann sind wohl Mareikes Entwicklungen so geheimnisvoll, dass selbst ihr Partner Jan davon nichts wissen darf. Für Olga ein seltsamer Gedanke, dass sie ihrem Partner Hendrik einen wesentlichen Teil ihrer Arbeit und ihres Alltags mit keiner Silbe erzählen dürfte. Kann es aber das wirklich wert sein, aus diesem Grund die Beziehung zu Jan derart zu belasten? Sagen wir so: Solange die Aussicht auf einen wirklich großen Durchbruch mit dem Projekt besteht, vielleicht....

Jans neuester Artikel in der Szenepresse

Amsterdam bald eine Insel.

He Leute, das ist keine Frage mehr, das ist eine Realität, mit der sich jeder schon einmal anfreunden kann. Viel zu viele glauben immer noch, man könne mit der Natur verhandeln. In Sachen Klima und Erderwärmung ist da nichts drin. Die ausgezirkelten Kompromissformeln endloser Klimakonferenzen begrenzen den Temperaturanstieg kaum. Die Erde liegt im Fieber, die Polkappen schmelzen und das Wasser steigt. Wer sich einmal alte Landkarten der friesischen Küste angeschaut hat, der bekommt eine Ahnung davon, wie die Naturgewalt eine gewohnte Küstenlinie verändern kann. In einer Linie von Hamburg bis weit südlich von Amsterdam könnten Deiche vielleicht noch etwas ausrichten. Für die alten Sperrwerke vor den Poldern stünden die Fluten der Nordsee viel zu hoch.

Zusammen mit der UNESCO wurde der Plan entwickelt, den inneren Grachtenring als Weltkulturerbe zu retten. Für jeden der bleibt, Inselkoller vorprogrammiert.

Wer ernsthaft meint, man könnte dem – so rein privat –

entrinnen, der irrt. Wenn die geschmolzenen Polkappen den Meeresspiegel der Ozeane ansteigen lassen, wenn Stürme, Starkregen und extreme Trockenheit erst einmal die Erde überziehen, gibt es kein Entweichen. Und wenn dann auch noch diejenigen aufstehen, die am Ende am wenigsten von dem die Erde zerstörenden Luxus gehabt haben und die bisherigen Profiteure für ihren Wahnsinn zur Rechenschaft ziehen wollen, dann nur noch „Gute Nacht".

Es wird schlicht Zeit, dass alle nun endlich begreifen, dass Handeln nicht mehr Luxus, sondern Notwendigkeit zum Überleben ist. Also, liebe Leute, lebt ab jetzt radikal anders, esst bitte total anders und bewegt Euch bitte so fort, dass ihr nicht noch mehr zerstört. Und die Lösung dafür lautet: Schaltet endlich euer Hirn ein! Mit Emotionen allein ist die Erde nicht zu retten. Lasst euch bitte nicht von Versprechungen und Schönrednereien irgendwelcher Leute einlullen. Und he, wir alle mögen doch unsere Stadt viel zu sehr, um sie als Insel enden zu lassen....

Heerlen

Caroline und Kay treiben im Augenblick offenkundig ganz andere Fragen um als den Rest der alten Connection. Kay macht Karriere in seinem Betrieb und mit den vegetarischen Drinks. Ihr kleiner Sohn Matz wächst heran. Wenn es um Essen und Trinken geht, spricht der kleine Mann schon ein deutliches Wort mit. Gemüse und Obst sind derzeit immer noch die kritischen Punkte. Apfelmark geht fast immer, Tomatenprodukte auch und ebenso natürlich Banane. Aber all die frischen Sachen? Das mit den Karotten geht auch noch, aber mehr Auswahl wird schwierig.

Dazu die ganz andere Frage zwischen den beiden. Sollte Matz nicht in überschaubarer Zeit ein Geschwister haben? Die Überlegung wirft mehr als heikle Fragen auf. Ein weiteres Kind würde bedeuten, dass Caroline eine deutlich längere Zeit nicht voll in einen Job einsteigen kann. Eine schwierige Vorstellung. Will sie das? Kay wäre dafür. Er mag Kinder von Anfang an, doch mit der Zeit wird die Liebe immer theoretischer. Wann hat er schon einmal so richtig Zeit? Die Freiräume für die Familie sind in den letzten zwei Jahren mehr als geschrumpft. Will sagen, die Zeit für die Familie konzentriert sich auf Wochenenden und Urlaub.

Dass sein Job eine vergrößerte Familie eines Tages nicht ausreichend ernähren kann, hält er für mehr als unwahrscheinlich. Wenn man in den kleinen eigenen Bereich guckt, können sich weder Caroline noch Kay beklagen. Seit ihrem ersten Zusammenleben in München hat sich ihre Beziehung toll entwickelt. Caroline hat sein Leben durch ihren bewussten Lebensstil mehr als bereichert und indirekt verdankt er ihrem Einfluss am Ende auch das Interesse an seinem jetzigen Job. Hätte Kay ohne Caroline überhaupt je an pflanzliche Drinks gedacht?

Über allem schwebt aber noch eine ganz andere Frage, die sich Kay vor drei Jahren noch nicht so klargestellt hätte: Kann man sich heute überhaupt noch Kinder leisten? Kann man es verantworten, Kinder in diese Welt zu schicken? Vom Gefühl her hatte Kay eigentlich keine Bedenken. Er war Optimist. Aber war das vielleicht doch zu blauäugig?

Der Klimawandel verheißt künftigen Generationen alles andere als eine gute Zukunft. Waren Artikel, wie die letzten von Jan nur Panikmache? Das hätte Jan Unrecht getan. So krass schießt der ja nun auch nicht über jedes vernünftige Ziel hinaus.

„Aber schon gut, dass wir diesmal diese Diskussion vorab, in Ruhe und mit der vollen Entscheidungsfreiheit führen können", meint Kay, „aber meine Einstellung hat sich gegenüber damals nicht geändert. Wenn es so kommt – was ja auch nicht selbstverständlich ist – hätte ich nichts dagegen, wenn wir zu viert wären. Ich weiß aber inzwischen auch, dass mein aktiver Beitrag für Kümmern und Erziehung begrenzt ist. Ohne dass du vollständig dafür bist, wäre die Entscheidung falsch." „Das macht es nicht wirklich leicht. Aber wenn die noch so jemand wie Matz auf Lager haben, würde ich so ein Exemplar nehmen." Die letzten Entscheidungen eben doch überwiegend mit dem Bauch gefällt und das Hirn, warum der sich dafür entschieden hat.

Ein-herz-fuer-bio.org

Drei Tage unter hauptsächlich französischen Ausstellern auf der Natexpo in Paris:

Die kleinen Flaggen an den Ständen markieren die Herkunft der Aussteller. Hier haben sie eine besonders wichtige Bedeutung: "Man kauft vor allem regional, d.h. französisch." Und dies selbst, wenn die angrenzenden Nachbarländer eigentlich näher wären.

Die Show der französischen Hersteller ist groß und vielleicht auch manchmal beeindruckend. Die meisten Hersteller, die für die großen Ketten arbeiten, sind nicht da. Kenner der Szene sagen, dass die qualitativ auch sehr gute und ehrliche Bioprodukte anbieten.

Wer zum ersten Mal da ist, mag beeindruckt sein, wer seit vielen Jahren da ist, merkt, dass der Rückschritt galoppiert: Weniger Fertiggerichte, nur Tofu als Fleischersatz, sehr wenig modern Proteinangebote bei Aufstrich, Fleischbällchen und anderen Gerichten. Dieser Teil der Branche sitzt durch die in Frankreich – noch – starke Stellung des Fachhandels besser und fester im Sattel als die vergleichbaren deutschen Kollegenfirmen. Aber ob das auf die Dauer den Verbrauchern auch gefällt? Wer sich auskennt sieht, dass selbst etliche Restaurantangebote in der Stadt ernährungstechnisch moderner sind als das Messeangebot. Passend zum Anlass aber ohne jeden Bezug auf die Messe erinnerte das französische Fernsehen daran, dass auch in Frankreich gut ein Drittel der Bevölkerung viele zu dick ist. Für diesen Bereich fand sich auf der Messe im Foodbereich wenig, dafür aber wurden Unmengen an süßen Bio-Versuchungen, mal fair, mal als raw-food und dann wieder als eben nur lecker angeboten. Für den kritischen Beobachter ist das schlicht zu wenig und erst recht nicht Antwort auf die Frage nach einer künftigen Bioernährung.

Ein kleines Fazit von einem Beobachter, der das Land gut kennt und auch viel Sympathien dafür hegt: dieser Teil der Biobranche ist dabei, sich national ein wenig vom Rest Europas und der Industriestaaten abkoppeln zu wollen. Ob das auch ein Weg ist, den Konsumenten und Endkunden wirklich mitgehen wollen, wird sich zeigen. Wie bei vielen Biomessen ist auch die Natexpo als Treffpunkt von Bioleuten eine gute Gelegenheit, aber etliche Aussteller berichteten doch von zu wenigen qualifizierten Besuchern.

Parc d´exposition, Villepinte

Jan schlendert über die führende französische Biomesse. Er sucht auch hier nach Neuheiten, hofft auf andersartige Ideen für pflanzliche Produkte. Die fallen hier offenkundig etwas anders aus als in Deutschland oder den heimischen Niederlanden. Während dort pflanzliche Aufstriche gerne auf Nuss- oder Hülsenfrucht-Basis angeboten werden, setzt man hier unter anderem auch stark auf Soja. Klar in Südfrankreich gibt es einen lange zurückreichenden einheimischen Sojaanbau.

Wie es der Zufall will, trifft er am Rande eines vegetarischen Verkostungsareals auf Jean-James. Der erzählt ihm bereitwillig alles über Soja und was man daraus machen kann. „Ja das stimmt, Soja ist von Haus aus erst einmal schwer verträglich. Deshalb kam ich auf eine andere Idee. Damals als ich in Montpellier auf der Uni war. Da geisterte ja schon vor zwanzig Jahren diese Idee einer besseren Ernährung herum. Vielleicht haben Sie ja von Doktor Joyeux gehört. Der hat schon früh erklärt, wie falsche Ernährung der Gesundheit schadet.

Und ich kam im Zuge meiner Arbeiten auf eine komplizierte Kette. Man nimmt dort wie beim Tofu

Sojamilch als Ausgangspunkt. Denn auch Tofu arbeitet mit der Gerinnung von Sojamilch." Bei Soja kennt sich Jan durchaus mit dem traditionellen Tofu aus. Da gibt es ja inzwischen hauptsächlich in Deutschland viele Hersteller, die dieses Handwerk verstehen. Aber irgendwie bleibt Soja halt immer Soja. Geschmack und Konsistenz sind ähnlich. Nach Jans Gefühl suchen die Menschen nach einem anderen Geschmack. Aber Jean-James ist total begeistert von seinen Aufstrichen. „Die sind aus lacto-fermentierter Sojamilch. Darüber habe ich Jahre geforscht, wie man mit Bakterien die Fermentation von Sojamilch so steuert, dass daraus diese Masse wird, streichfähig und total bekömmlich. Eine solche Fermentierung macht ja etwas Ähnliches wie unsere Verdauung. Das macht die Ergebnisse so verträglich. Man kann Unterschiedliches daraus herstellen, Frischkäse-ähnliche Aufstriche, sehr verträglichen Tofu und Feta-ähnlichen Käseersatz. Das wird mit hochwertigen Zutaten und Gewürzen aromatisiert und schmeckt einfach toll." Jan probiert. Die Produkte schmecken tatsächlich, besonders dieser Frischkäse-Ersatz. Jean-James erzählt, wie er mit europäischen Entwicklungs-Zuschüssen eine Produktion dafür aufgebaut hat und dass es Jahre gedauert hatte, bis alles so lief, wie er dachte. „Gigantisch, eine tolle Idee. Und wo bekommt man diese Produkte? Die braucht doch heute jeder, der sich vernünftig ernähren möchte." Der Blick von Jean-James wechselt zwischen Lächeln und etwas anderem. „In Frankreich sind die Produkte in vielen Biomärkten. In Deutschland waren sie auch. Aber wir hatten Probleme. Die Produkte sind höchstens sechs Wochen haltbar und ja, für viele Deutsche zu teuer. Wir bekamen sehr gute

Reaktionen, aber der Verkauf lief nicht so…"

Zu teuer, das ist ein bekanntes Problem… Aber eben auch manchmal vielleicht doch der falsche Weg. Das vertrackte bei diesen Produkten ist ja bereits, dass Soja der bei weitem günstigste Rohstoff ist, aber offenkundig die Weiterverarbeitung derzeit kompliziert, dass am Ende alles einfach nur noch für ein Bio-Luxusprodukt reicht. Schade.

Und dabei ist dieser Jean-James ja ein richtiger Überzeugungstäter, der mit seiner Arbeit in erster Linie die Welt verbessern will, das Klima retten…. Und dies nicht erst seit gestern. Richtig sympathisch.

Rue de Maubeuge, Paris

Jan hat auf der Messe Charles, einen jungen Unternehmer, kennengelernt und nutzt er den gemeinsamen Weg zum Hotel, ihn nicht nur ein wenig über den französischen Biomarkt auszufragen. „Die sind ja völlig anders drauf als zum Beispiel diese Fachhandelsleute aus Deutschland." „Nun ja, die haben hier in Frankreich ja auch ihre Position viel besser behauptet als Vergleichbare in Deutschland, hier werden immer noch gut vierzig Prozent der Bioprodukte verkauft, in Deutschland sind das deutlich weniger als dreißig Prozent. Das ist ein Unterschied." „Da fehlen also den großen französischen Ketten die Visionen, den Biomarkt mehr für sich zu bekommen." „Die Discounter haben in Deutschland seit vielen Jahren entdeckt, dass ihre Aktionen am besten mit Trendprodukten laufen: also Chia solange Chia neu, warum nicht auch Quinoa? Und Fleischersatz geht inzwischen auch in Aktionen. Ist alles schon erstaunlich." „So richtig zugkräftige Biothemen haben die großen Ketten hier in Frankreich nicht. Liegt auch daran, dass etliche Themen etwa in der Frische mit Salaten und fertigen Mahlzeiten hier längst nicht mehr neu sind, während vieles davon eben in Deutschland nicht zum Alltag gehört." „Santé". Jetzt ist aber das Bier dran, was für die beiden etwas verspätet als Apéritif den Abend nach der Messe einläutet. Jan sieht, dass es am Nachbartisch einen tollen Salat gibt mit Quinoa und einem frisch gebackenen Stück Thunfisch. Das verlockt ihn mehr als manche Angebote auf der Messe. Die sind hier im normalen Leben doch schon weiter als die Bioleute mit ihrem etwas zurückgebliebenen Angebot. Und jetzt kam noch ein toller Linsensalat vorbei, mehr orientalisch und lecker.

Der etwas andere Linsensalat

Grüne Linsen knackig und bissfest kochen, in einer Mischung aus Balsamico, Zitronensaft und etwas Olivenöl ziehen lassen. Würzen mit Kräutersalz, etwas Gemüsebrühepulver, Kreuzkümmel sowie Ras el Hanout.

Pro Person für die Frische einen halben klein geschnittenen säuerlichen Apfel sowie zwei große gestückelte frische Tomaten hinzugeben. Alles gut durchziehen lassen und in Portionsschälchen mit frischer Petersilie und Koriander servieren.

„Aber täusch dich nicht, die Franzosen sind

keineswegs überall Ernährungsengel. Wenn die du in die typischen Tierparks, Freizeitparks für Familien und so gehst, dann gibt es dort grauenhaftes Fast-Food. Im Euro-Disney gibt es im hintersten Winkel zwei kleine vegane Angebote und sonst nur Schrott. Und das sind nicht etwa die Amerikaner…". Der Kampf um bessere Einsichten in der Ernährung ist offenkundig etwas, was viele Länder verbindet. Oh ja auch Jan weiß wovon die Rede ist, wenn er zwischen seinen vielen interessanten Ausflügen mal wieder daheim auf die eigene Waage steigt.

Jans Kladde:

Wie leben wir richtig? Wie leben wir gesund?

Richtig ist einfach, denn da geht es in erster Linie um Ideale: Wie schonen wir Umwelt und das Klima, verhindern eine Verschwendung von Ressourcen? Wie achten wir auf eine faire Verteilung von Möglichkeiten und Ressourcen zwischen allen Erdbewohnern? Auf der Ebene der Ideale sehen Lösungen leichter und klarer aus. Warum das nicht die Lösung ist? Das ist der berühmte Egoismus.

Und wie bringt man eine egoistische Menschheit auf den Geschmack des Richtigen? Wieder über eine Art des Egoismus: „Du willst doch dich gesund ernähren und lange leben." Dann wird eine bestimmte Art von Verzicht plötzlich sehr gut: Mehr pflanzliche Nahrung, mehr Angebote von Obst und Gemüse und deutlich weniger Fleisch. Manch ein Verzicht wird doch sowieso leicht.

Wenn man den Geschmack von einigen

Fleischprodukten einmal ehrlich betrachtet, dann haben viele Wurst und Fleischangebote aus dem Supermarkt einen derart schlechten Geschmack, dass man gut darauf verzichten kann. Mit Hummus, Bulgur und Linsen gibt es noch so viele tolle Rezepte, die Salate, Bowls oder auch angerichtete Brote bereichern, die einfach billige Wurst glatt vergessen lassen. Es gibt ohnehin ganze Nationen, auch in unmittelbarer Nachbarschaft, die schon immer auf diese Produkte gut verzichten konnten, oder sie eben nur ab und zu essen. Vor zehn Jahren hätte niemand an Quinoa im Salat gedacht, heute ist das weltweit verbreitet. Und nachdem erst das schlechte Fast-Food die Erde ziemlich weitgehend eroberte, wird dieses an vielen Stellen von deutlich besseren Alternativen abgelöst.

Sind wir vernünftiger geworden?

Einerseits vielleicht. Neben immer mehr Biomilch werden mehr pflanzliche Drinks verwendet. Statt süßer Fruchtsäfte gibt es mehr Schorle. Aber 50 - 70 % Wasser in Flaschen verpacken und hin und her transportieren – ist das der gehobene Sinn? Die Zahl der Raucher sinkt, zum Teil ersetzt durch zweifelhafte E-Zigaretten. Und Alkohol wird genau genommen viel zu oft konsumiert. In Industrieländern sind 30 – 50 % der Bevölkerung übergewichtig. Einsichten sind da, „Ernährungs-Docs" stehen hoch im Kurs – mehr als Fernsehserie denn als persönliches Dauerprogramm. Online- wie Offline-Medien leben von Ernährungstipps für Herz und Kreislauf, Anregungen zur Minderung des Krebsrisikos und Warnungen vor der unerkannten Fettleber. Alles nur Mache? Die Aufmachung ganz sicher ein Teil des Kampfes um Leser. Aber die

Wahrheit dahinter – ein Teil der traurigen Realität. Themen werden solange geritten, bis die Menschen darüber abstumpfen und mit derartigen Realitäten leben.

`Hamburg-Stellingen`

Während Jan noch seinen Gedanken über die Zukunft, Klima, Umwelt und Ernährung nachhängt, hat Mareike fast in unmittelbarer Nachbarschaft ein lang ersehntes Erfolgserlebnis. Jonas, seines Zeichens Entwickler in einem mittelgroßen Lebensmittel-unternehmen hat als erster einen Burger nach ihren Vorstellungen zusammengestellt und fertig entwickelt: Vegan ein Bioqualität, aber nicht auch noch glutenfrei, alles auf einmal schafft man eben nicht. Die Mischung enthält einige klassische Zutaten der Firma, aber im Prinzip Erbsenprotein, Getreide, eine Mischung von Gemüsezutaten und Gewürzen für den Geschmack – eben keinen Chemiebaukasten. Das Ergebnis kann in Konsistenz und Geschmack mit den amerikanischen Nicht-Bio-Vorbildern mithalten. Diese Burger-Patties oder Frikadellen sind weder blutig, noch schmecken sie ähnlich wie Fleisch. Ihr Ziel ist es, von Konsistenz und Inhalt sättigend zu sein und ansonsten eben im guten Sinne pflanzlich zu schmecken. Eine ganz ähnliche Aufgabe wie vor Jahrzehnten bei den pflanzlichen Brotaufstrichen. Die haben ja inzwischen im Markt genau die Entwicklung gemacht, die dadurch vorgezeichnet war: der Inhalt hat heute eben auch mehr Gemüse, sättigende Hülsenfrüchte und dadurch deutlich mehr Geschmack als die frühen Pionierprodukte. Außerdem haben sich die Macher in der Zwischenzeit viel mehr in der Welt umgeschaut und durch Anleihen bei mediterranem Hummus und asiatischen Gerichten eine Vielfalt entdeckt, die vorher keinem einfiel.

Aber noch bleiben offene Fragen: Wie wird eine Herstellung unter Bedingungen serienhafter Produktion nachher aussehen, wie gelingt die Abpackung optimal und bei welchem Preis landet die Kalkulation? Erst wenn das im Detail geklärt ist, können alle wirklich aufatmen. Denn der Preis der Rohware und der Zutaten ist nur ein verhältnismäßig geringer Faktor.

In der Entwicklung hat sich Mareike mit Kollegin Ines angefreundet. Um das dauernde Probieren ihrer Kreationen etwas netter zu machen, kreieren sie dazu leckere Zutaten wie Gemüsenudeln.

Gemüsenudeln

Wir benötigen dazu schön knackige Zucchini, und ein paar mittelgroße Karotten. Pro Person eine der Zucchini und zwei Karotten. Die schneiden wir beide mit einem Sparschäler in millimeterdicke Gemüsestreifen, die wir noch mit einem scharfen Messer zu schmaleren Streifen verarbeiten. Wir legen diese Streifen in etwas Sud aus Sojasauce und Rapsöl ein, würzen mit Kreuzkümmel, Salbei sowie Ras el Hanout und Mengen es gut durch. Die Mischung wird dann im Wok gegart. Bei Bedarf kann man in der Schlussphase noch feine Nudeln untermengen. Nur das Gemüseschneiden ist aufwändig, der Rest geht sehr schnell.

`Ein-herz-fuer-bio.org`

Der Konsum von Bioprodukten in Deutschland wächst. Und dies nun ohne irgendeine Aufbruchsstimmung oder ideologische Begleitung, wenn man so will rein auf ökonomischen und Nachfragegründen. Sehr stark im Discount, deutlich stärker als zuvor bei den Vollsortimentern und erkennbar schwächer im Fachhandel, eben spiegelbildlich zum Lebensmitteleinzelhandel in Deutschland.

Spannend wäre die Antwort auf eine in Deutschland mit Zahlen schwer erhebbare Frage, wodurch dieses Wachstum getrieben wird. Es lässt sich teilweise erahnen: Innovationen und modische Angebote haben das Geschäft der großen Discounter wesentlich beflügelt, dazu der Masseneffekt ihres Absatzes bei bestimmten Angeboten aus Bio-Fleisch und Bio-Käse. Die Vollsortimenter profitieren traditionell vor allem von einem breiten Frischesortiment, in erster Linie bei Obst, Gemüse und Milchprodukten. Der Absatz im Bio-Trockensortiment wird von den Drogeriemärkten und vor allem von dm dominiert.

Die Bedeutung der derzeitigen Entwicklung darf man nicht zu gering einschätzen: Ein derartiges breites Wachstum im Biokonsum gab es zuletzt vor 15 Jahren und dies auf einem wesentlich niedrigeren Umsatz-Niveau. Ein riesiger Effekt, über den wir leider viel zu wenig wissen. Welcher von den aktuellen Trends hat dieses Wachstum befeuert? Wir ahnen das Thema „Klimarettung" und veganer Lebensstil. Aber an welchen Stellen genau und in welchem Umfang? Die Antworten wäre wichtig, weil sie eine wichtige Orientierungshilfe wären: Was erwarten die heutigen Kunden von Bioangeboten? Was möchten sie verstärkt? Und ja, was möchten sie bevorzugt in welcher Einkaufsstätte kaufen? Die Antworten darauf würden die Suche nach künftigen Bioqualitäten sehr versachlichen.

Also nach Betrachtung aller Zahlen kein Grund, sich auf die Schulter zu klopfen, sondern besser der Auftakt zu dem Engagement für Bioprodukte jeweils an den Stellen, wo die eigenen Kunden es am meisten wünschen.

Und natürlich bleibt auch die spannende Frage, welche Kunden in welchem Typ Einkaufsstätte denn moderne Errungenschaften von Bio-Fertiggerichten und Fleischersatzprodukten kaufen möchten. Das bleibt weiter zu beobachten, könnte aber auch ein Faktor der Entwicklung werden.

Wer das augenblickliche Bio-Wachstum nicht nur als nette Zugabe nimmt und diesen Trend insgesamt nutzen möchte, der wird sich verstärkt damit beschäftigen müssen.

Bruchstrasse, Detmold

Kay ist nach den erstem zwei Jahren in seinem Marketingjob für pflanzliche Drinks gut angekommen. Am Anfang hat ihm sehr geholfen, dass Caroline sich in diesem Umfeld hervorragend auskennt. Aber es gab dann doch eine Menge neuer Erfahrungen. Heute ist er mit dem Einkäufer Roman unterwegs, der sich zurzeit um die in immer größeren Mengen nachgefragten Hafermehlvorräte für die Produktion kümmert. Und wie praktisch, sie haben in dieser romantischen Stadt tatsächlich ein veganes Restaurant erwischt, wo sie den Chai Latte auch mit Hafermilch bekommen.

„Da denkst du, es sei doch immer einfach, genug deutschen Hafer zu bekommen. Stimmt nicht. Ist jedes Jahr wieder anders. Und das ist nicht etwa das Pokern von irgendwelchen Händlern oder Landwirten. Ist schlicht die Natur und heute wohl auch immer mehr die Folge des Klimawandels." „Und ich Armer muss dann immer sehen, wie wir mit den ständig neuen Kalkulationen wieder klarkommen." „Ja mein Lieber, wer hat auch schon geahnt, dass Hafer bei den Verbrauchern so schnell so beliebt wird. Früher war das ein Exotenprodukt, ein Geheimtipp." „Und dann kommt dazu, dass die Landwirte, vor allem im Biobereich, nicht einfach einen Hebel umlegen können und plötzlich den Hafer nach Wunsch anbauen können. Und dann kommt noch die andere Sache dazu, dass – je nach Gegend – zwischendurch die Trockenheit in Norddeutschland oder die Regenmengen in Teilen Österreichs den Ernteertrag oder auch noch die Qualität vermasseln. Der normale Landwirt hat bis jetzt unter anderem immer das angebaut, was ihm gute Erträge versprach. Den Anbau jetzt nach der veränderten Nachfrage einzurichten, ist vielen Landwirten erst einmal fremd." „Und dann wollte ihr auch noch vom Marketing möglichst exakte Absatzprognosen. Da tu ich mich inzwischen schwer. Denn ich weiß ja, welche Verantwortung man sich mit solchen Prognosen auflädt. In manchen Bereichen müsste man Prophet sein, um zu wissen, was unsere Verbraucher wirklich kaufen. Und leider gibt es für all das auch keine verlässlichen Marktdaten oder gar Verkaufszahlen…"

Schützenberg, Detmold

Für Bäcker und Müller ist die Arbeitsgemeinschaft Getreideforschung eine wohlbekannte Anlaufstelle, ansonsten eher ein unbekannter Ort. Kay begleitet seinen Kollegen aus dem Einkauf, weil der dort zu einer Tagung mit etlichen seiner Lieferanten verabredet ist. Kay lernt wirklich jeden Tag noch dazu. Die aktuelle Situation mit der gigantisch gestiegenen Bionachfrage nach pflanzlichen Getränken zwingt dazu, sich mit der ganzen Palette der Verarbeitungsmöglichkeiten genauso wie mit Herkunft und Sicherheiten der Rohstoffe zu beschäftigen. Waren die ersten dieser Drinks erst einmal mehrheitlich aus Soja ist das heute schon längst nicht mehr der Fall. Der Trend in Mitteleuropa folgt immer mehr den skandinavischen Hafermilchtraditionen. Längst gibt es aber noch andere Möglichkeiten, für die er dann immer mit der Produktion prüfen muss, ob man die vielleicht auch auf den eigenen Anlagen produzieren und abfüllen kann. Neulich hat er erst wieder eine Mischung aus Reismilch und Haselnuss aus Italien probiert. Köstlich. Ja vielleicht etwas zu viel Zucker. Aber das ist heute bei vielen dieser Drinks die Frage. Auf noch eine Idee hat ihn neulich Caroline gebracht. Sie gibt ihrem Matz jetzt auch schon einmal zwischendurch eine Mischung aus Hafermilch und Multivitamindrink. Eine super Idee. Hat deutlich weniger Kalorien und Fruchtzucker als der pure Saft und schmeckt trotzdem in der Verdünnung noch ziemlich gut. Auch das eine Idee, der man einmal nachgehen sollte. Aber ja, man müsste auch die Zeit dafür finden.

Vieles allerdings kommt in der Praxis in Mitteleuropa viel zu zögerlich an. Und interessant, dass vor Investoren und große Banken die Trends vor den Akteuren viel klarer sehen. Wer entsprechende Pressemeldungen verfolgt, entdeckt solche Zeichen, sofern er sie zu deuten versteht:

„Equinom entwickelt hochwertiges Saatgut mit maßgeschneiderten Eigenschaften für Lebensmittel. Proprietäre Technologie beschleunigt Züchtung von neuen Pflanzengenerationen: Das Fachwissen und der Ansatz von Equinom zur Pflanzenzüchtung sorgen für Veränderungen im Markt für pflanzen-basierte Lebensmittelanwendungen, etwa im Bereich von Fleischalternativen. Das Unternehmen führt Hülsenfrüchte mit hohem Proteingehalt am Markt ein, darunter Sojabohnen, Erbsen, Kichererbsen, Augenbohnen, Mungobohnen, Ackerbohnen und Quinoa. Sojabohnen und Erbsen spielen beispielsweise bei der Herstellung von Fleischersatzprodukten eine wichtige Rolle. Die proteinreichen Sorten von Equinom bieten zudem Vorteile in Sachen Geschmack und Textur sowie andere Alleinstellungsmerkmale. Der höhere Proteingehalt ermöglicht außerdem im Vergleich zu anderen alternativen Rohstoffen eine kosteneffizientere Produktion von Fleischersatzprodukten (z. B. Gemüseburger und -würstchen).

BASF-Venture Capital ist der Leadinvestor in einer Förderrunde des israelischen AgTech-Startups Equinom. Die computergestützte Zuchttechnologie von Equinom ermöglicht die Entwicklung optimierten Saatguts für die Lebensmittelindustrie und trägt so dazu bei, die wachsende Nachfrage nach pflanzlichen Produkten abzudecken, die als Inhaltsstoffe, als Güter mit Clean-Label-Auszeichnung und für eine gesündere Ernährung verwendet werden. Mit dieser Investition unterstützt BASF Venture Capital die BASF-Strategie, innovative Lösungen in der Landwirtschaft einzusetzen.

Die Technologie von Equinom basiert auf Bioinformatik und ermöglicht so eine schnellere und effizientere Saatgutzüchtung als je zuvor. „Wir kreuzen gezielt unterschiedliche Pflanzen, um die gewünschten Eigenschaften zu erhalten. Dabei werden häufig auch wichtige Merkmale wieder eingeführt, die bei herkömmlichen Pflanzensorten versehentlich herausgezüchtet wurden. Das Ziel sind Pflanzen mit sehr begehrten Eigenschaften", erklärt Gil Shalev, CEO von Equinom. „Unser eigens entwickelter Computeralgorithmus und unsere umfangreiche Datenbank verknüpfen Informationen zu Ernteerträgen, Saatgutqualität und den gewünschten Merkmalen auf eine völlig neuartige Weise. So gelingt es uns außerdem, die Markteinführungszeiten erheblich zu verkürzen."

Der Equinom-Algorithmus analysiert die genomischen Merkmale von tausenden Pflanzen in der Datenbank, um passend zu den gewünschten Eigenschaften die ideale Kreuzung zu ermitteln. Das System wertet Millionen von möglichen Kombinationen aus und entwirft so Saatgut mit optimierten Eigenschaften, z. B. im Hinblick auf den Protein-, Öl- oder Nährstoffgehalt, die gewünschten Funktionalitäten, Ernteerträge, Resistenzen gegen Pflanzenschädlinge sowie andere Merkmale. Anschließend setzt Equinom herkömmliche Zuchtmethoden zur Kreuzung der Pflanzen ein, deren genetischer Code am besten zueinander passt. Mit der exklusiven Technologie und diesem Ansatz optimiert das Startup sehr gezielt bestimmte Pflanzensorten und schafft so anwendungsorientierte Lösungen, die auf die Anforderungen der Lebensmittelerzeuger abgestimmt sind.

Darüber hinaus bietet Equinom Sesamsaatgut mit hohem Ölgehalt, das speziell auf flexible Anbaubedingungen ausgelegt ist. Mit seinem Kernprodukt bietet das Startup eine robuste Sesamsorte, die sich für eine mechanische Ernte eignet und überall auf der Welt angebaut werden kann. So können Landwirte den Sesam direkt vor Ort anpflanzen und die wachsende Nachfrage nach dieser Ölsaat bedienen, die mit den höchsten Ölgehalt aufweist und zudem reich an Ballaststoffen, Vitaminen und Mineralien ist. Das Sesamsaatgut von Equinom ebnet den Weg hin zu einer verantwortungsvolleren Lieferkette, einer höheren Preisstabilität und einem kosteneffizienten Wachstum."

Equinom suchte schon seit Jahren den Kontakt zu großen Anbauern. Für USA und Kanada ergriff Roquette früh diese Chance. So eine Zuchttechnik braucht Vorläufe und den Mut, in die Zukunft zu investieren. Sie benötigt keine gentechnischen Veränderungen, ließe sich auch auf den Bioanbau übertragen. Das erfordert Weitblick, aber der wird immer noch als Luxus angesehen, obwohl auch der Klimawandel das mehr als erforderlich machen wird.

Fruchtdrinks mit Hafermilch

Die lassen sich einfach und ganz nach Geschmack

selbst mixen. Da eignen sich Direktsäfte aller Art als Ausgangspunkt. Man nehme ca. 60% Hafermilch und mische die mit 40% Direktsaft. Hier eignen sich auch besonders helle Fruchtsaftmischungen, insbesondere, wenn man an Kinder denkt. Für Erwachsene geht es auch gut mit roten Fruchtsaftmischungen, insbesondere in Richtung Kirsche. Was natürlich auch gut möglich ist: Ein Fruchtmousse aus Heidelbeeren, Himbeeren, Erdbeeren mit Hafermilch aufzugießen. Auch sehr lecker.

Der Umgang mit pflanzlichen Drinks braucht einfach Zeit und Erfahrung. Selbst eine normale Hafermilch kann genauso unterschiedlich schmecken wie etwa unterschiedliche Rapsöle, von sehr getreidig bis fast schon süßlich, letzteres eher in Skandinavien und Deutschland, herber eher in Südeuropa. Unterschiedliche Drinks passen vom Geschmack jeweils anders. Ein ungesüßter Mandeldrink zu Fruchtsaft schmeckt ebenfalls fein.

Allerdings hat man den Eindruck, dass diese neue Zeit bei vielen der Getreidevertreter noch nicht wirklich angekommen ist. Auf eine Weise verständlich, weil diese Trends kaum über einen gesicherten Ausblick für die nächsten Jahre verfügen. Je näher man an die reale Landwirtschaft kommt, desto mehr ist solide Berechenbarkeit gefragt. Ja gelegentlich haben Landwirte auch auf neue Trends spekuliert. Aber diese Rechnungen gingen nicht immer auf. Übrigens auch deshalb, weil höhere Nachfrage noch lange nicht auch einen besseren Preis nach sich zieht. Manchmal ganz gegenteilig, dass erst niedrigere Preise den Boom nach sich ziehen.

Ein-herz-fuer-bio-org
Biotagung der Arbeitsgemeinschaft Getreideforschung (AGF in Detmold): Da haben alle, die nicht dort waren, etwas versäumt.

Wir gehen hier nur auf einige Beiträge ein, die ein noch viel breiteres Biopublikum gerne auch mitbekommen hätte, z.B. was Peter Stallberger von den Goodmills Österreich zu den möglichen Folgen des Klimawandels für den Getreideanbau kenntnisreich und im Detail erklärte: Veränderungen in Qualität und Ernteaussichten, die deutlich machen, worauf sich der Bioanbau einstellen muss. Klaus-Jürgen Holstein erklärte den Teilnehmern, wo Bio wächst und wie man Einzelheiten dieses Wachstums einzuschätzen hat. Über 15 % Plus im Bioumsatz sind schließlich seit vielen Jahren bescheideneren Wachstums ein gigantischer Wert. Aber welche Umsätze treiben diese Entwicklung?

Spannend waren auch die Einzelheiten von Michael Köser mit seiner „køniglichen Backstube" in Berlin, mit langer Teigführung, regionalen Backprodukten und einem tollen Konzept eine einzelne Bäckerei absolut zum Erfolg führt. Angesichts des immer wieder beschworenen Sterbens der Handwerksbäcker eine fundiert positive Nachricht. Peter Vögler erklärte fachkundig und anschaulich, wie Eurofins mit einem eigenen Beratungsansatz Unternehmen hilft, ihr Budget für Analysen und Produktsicherheit an den richtigen Stellen auszugeben. Das Anliegen bei Eurofins ist es, Bioprodukte über die gesamte Prozesskette zu betrachten und Sicherheitslücken zu schließen. Ein wirkliches Highlight waren zweifellos die äußerst

113

praktischen und praxisrelevanten Ausführungen von Professor Linnemann aus Giessen zu einem neu ansetzenden Backtest. Der stellt nämlich fest, dass Mehl mit einem geringeren Proteingehalt durchaus bessere Backeigenschaften hat als Mehl mit Spitzenwerten. Ziemlich interessant. Alexander Beck, der als Verbandsvertreter natürlich absolut im Thema ist, stellte den Teilnehmern die zu erwartenden Folgen der 2018 bereits verabschiedeten Überarbeitung der EU-Bio-Verordnung vor. Auch wenn das nationale Recht dies erst noch umsetzen muss, kann man an vielen Punkten die Konsequenzen bereits heute erkennen und sich rechtzeitig auf die geänderten Bestimmungen einstellen. Schon dieser kleine Anriss zeigt, wie interessant der vielseitige Blumenstrauß von Beiträgen bei der inzwischen dritten Biotagung in Detmold war.

Jans Kladde

Der Bioumsatz in Deutschland hat 2019 die Chance locker die 12 Milliarden zu übersteigen. In etlichen Bereichen gab es ein Wachstum von über 15 %, was dazu führen wird. Die große Frage ist, wie man die deutschen Verbraucher in Zukunft mit lockendem Bio bedient, das alle Beteiligten im Blick hat - die Verbraucher - die Händler - die Produzenten und die Anbauer. Und dazu kommen auch noch bekannte Probleme von Umwelt, Klima sowie weltweiten Migrationsproblemen - das macht es nicht eben leicht. Ich sehe - und selbst mit größtem Wohlwollen und aufgrund jahrzehntelanger Verbundenheit - bei den traditionellen Bioakteuren zurzeit nicht die ausreichende Kraft und Fantasie, dem gerecht zu werden. Für einen Massenmarkt von 80 Millionen in einem globalen Kontext genügen keine romantischen Öko-Paradiesgärten. Klare Ökodenker und - Akteure sind mehr denn je gefordert. Schließlich suchen ja mehr Menschen denn je nach Ideen für eine gesunde Ernährung, wie man sich mit weniger Fleisch auch sehr gut ernährt, wie man nicht so dick wird. Egal ob viele der Alarmrufe und Rezepte am Ende immer wirklich zu 100 % stimmen, der Wunsch nach anderer Ernährung und Gesundheit durch das Essen ist da. Das wäre nun wirklich ein Super-Aufhänger für Bioprodukte, denn die sind zudem noch das Bestmögliche für Umwelt und Klima. Aber wo sind die klassischen Biounternehmen, die sich genau darum kümmern? Schade, die müssten es doch am besten wissen.

Kirchberg an der Jagst

Jan durfte zwischendurch nämlich noch an einer weiteren Biotagung teilnehmen. Da traf man unter den Teilnehmern erfreuliche und engagierte Menschen wie etwa seinen Namenskollegen Jan gleich zweimal, Jan der Professor aus Nürnberg und Jan der Biolandpräsident. Besonders Bioland-Jan hat ihn beeindruckt und zwar nicht nur durch sein jugendliches Wesen. Der sprach etwas aus, was Größe zeigt. Er führte aus, dass seine noch so engagierte Öko-Generation und vor allem er selbst vor den eigenen Kindern zugeben müsse, dass man es nicht geschafft hat, das wirklich wesentliche zu erreichen und den Klimawandel zu stoppen, also sozusagen vor lauter Bio und Öko die Natur vergessen hat. Und die Konsequenz: endlich alle Grabenkämpfe einstellen und mit allen, die auch nur annähernd ähnlich denken, an einem Strang ziehen. Ja, das müsste doch eigentlich möglich sein. Aber dem Publikum fiel es nicht nur schwer... Die alten Grabenkämpfe: Bioprodukte im erfolgreichen Lebensmitteleinzelhandel werden in den Augen der hundertprozentigen als schlechter dargestellt. Nun setzt aber auch der Lebensmitteleinzelhandel in seiner Kernkompetenz auf Qualität, vor allem in der Frische, bei Gemüse, Obst, Milchprodukten aller Art, bei Eiern und – trotz aller Engpässe – auch bei Geflügel und Fleisch. Längst kommt ein Großteil der Bioware im normalen Lebensmitteleinzelhandel aus ähnlichen bis gleichen Quellen wie die Ware im Fachhandel und wenn sie zum Ärger mancher Discounter den aktuellsten Ernährungstrend vor allen anderen abfischen, ist das ja auch kein Verbrechen. „Ob da so ein Appell zur Gemeinsamkeit überhaupt gehört wird? Gewiss, es wäre logisch. Schließlich könnte sich doch jeder auf seine Kunden spezialisieren und deren Wünsche erfüllen...."

Ein-herz-fuer-bio.org

Nehmen wir uns den Untertitel „Gemeinsam Verantwortung tragen" einmal vor, dann gab es viel Input dazu, von den Fridays for Future, von Slow Food, von Handelsunternehmen wie Globus SB_Warenhaus, von dennree, selbst von der Alibaba Group, von Lidl und schließlich auch einem Hersteller wie Weleda sowie auch noch von der GLS-Bank. Viele Beiträge gingen engagiert auf den Klimawandel ein und man hatte oft den Eindruck, dass dabei auch schon einmal dann und wann der Bezug zu dem anwesenden Lebensmittelpublikum sich auf die generelle Aussage beschränkte, dass die ökologische Landwirtschaft ja mehr CO_2 absorbiere. Angesichts der Tatsache, dass die ganze Veranstaltung wesentlich von einer bäuerlichen Vereinigung zur Fleischerzeugung getragen wird, blieb das Thema Fleischerzeugung dann auch immer nur bei den großen konventionellen Playern hängen.

Berechtigterweise kam in vielen Beiträgen die Klimakrise als das große Thema zum Tragen und dieser Zusammenhang gibt dem Bioengagement wieder den Rahmen und die Breite zurück, den die frühe Ökobewegung mit ihrem Kampf gegen Atomkraft, Rüstung und Naturvernichtung in ihren Anfängen hatte. In diesem Zusammenhang war beeindruckend wie Jan Plagge, einer der wirklich Engagierten bei Bioland und IFOAM, die sehr persönliche Erkenntnis vortrug, dass er trotz all dieses Engagement bekennen müsse, dass auch er die prekäre Klimasituation für die nachfolgende Generation nicht verhindert hätte.

An vielen Stellen – vielleicht außerhalb einiger Arbeitsgruppen – war der Informationsgehalt der Veranstaltung eher dünn. Und aus der Perspektive von Vertretern des Massenmarktes klangen etliche der Diskussionen dann doch wieder mehr als

Gesinnungsprüfung, denn als Fähigkeit zum hier beschworenen „Mainstream". Hier wurde wieder einmal der Massenmarkt der Gesinnungsprüfung unterzogen und der Wunschtraum vom „besseren Bio" gefeiert. „Nein", der Mainstream, den man hier begrüßen wollte, war nur wenig vertreten. Aus der Perspektive der Lebensmittel sowieso nicht. Die übergroße Menge der in Deutschland konsumierten Biolebensmittel wird über andere Strukturen vertrieben, als die, die hier gelobt und gefeiert wurden. Auch unter dem Publikum dominierten Verbandsvertreter und Vertreter des nicht mehr so bedeutsamen Bio-Fachhandels. Von der Mehrheitsfähigkeit, die eine Grüne Partei inzwischen in der Gesellschaft fast erreicht hat, ist diese Biodenke deutlich weiter entfernt und diese zweiten Öko-Marketingtage haben sich erkennbar weiter in diese Nische bewegt. Schade.

De Pipe, Amsterdam

Nach all den eher an etablierte Politik als an Veränderungsbewegung erinnernden Diskussionen war Jan einmal wieder froh, nur in der gewohnten Umgebung zu sein. Einmal wieder in Ruhe auf den Markt gehen, in der Küche etwas ausprobieren, danach war ihm jetzt mehr denn je.

Mareike konnte er gerade einmal am Wochenende mit seinen neuesten Kreationen bekochen und dann musste auch sie schon wieder zu ihrem auswärtigen Projekt. Jan hatte sich abgewöhnt, Mareike da nach Details zu fragen, denn ihre Auskünfte wirkten für ihn einfach nur vage und lächerlich. Um sich das nicht auch antun zu müssen, sparte er diese Punkte besser aus. Keine Frage, ihre Beziehung hatte sich dadurch verändert.

Als Mareike wieder unterwegs war, fand Jan nach dem Waschen ein zusammengefaltetes weißes Blatt, dessen locker aufgedruckter Text selbst danach noch gut lesbar war. Kein Hinweis auf Verfasser oder Absender. Aber das Thema sprach ja wohl für sich selbst.

`Mareikes Notizen: Versuchsprotokoll`

In Standardmarinade mit Tomate, Gemüse und Sonnenblumenöl bei Zimmertemperatur eingeweicht

Ergebnis: Gute Geschmacksaufnahme und Verarbeitung, Mundgefühl sehr soft

Chrispies mit Erbsenproteinextrudat 50% Proteingehalt.

Chrispies mit Erbsenproteinextrudat 75% Proteingehalt. In Standardmarinade mit Tomate, Gemüse und Sonnenblumenöl bei Zimmertemperatur eingeweicht

Ergebnis: Gute Geschmacksaufnahme und Verarbeitung, Mundgefühl angenehm knackig

TVP aus Sojaprotein und Weizengluten

In Standardmarinade mit Tomate, Gemüse und Sonnenblumenöl bei Zimmertemperatur eingeweicht

Ergebnis: Gute Geschmacksaufnahme und Verarbeitung, Ausbildung einer fleisch-analogen Faserstruktur, Mundgefühl fleischähnlich

TVP aus Erbsenprotein und Weizengluten

In Standardmarinade mit Tomate, Gemüse und Sonnenblumenöl bei Zimmertemperatur und erhitzt eingeweicht

Ergebnis: Geringere Geschmacksaufnahme und dies überhaupt erst in erhitzter Form Ausbildung einer fleisch-analogen Faserstruktur, Mundgefühl fleischähnlich

Wintergemüse mit Meerrettich-Dip

Dafür eignen sich neben zartem Wirsing und Rosenkohl zum Beispiel auch Brokkoli. Gemüse knackig andünsten und dazu einen selbstgemachten Meerrettich-Dip anrichten.

Erste Zutat frisch geraspelter Meerrettich, pro Person ein guter Esslöffel, dazu pro Person ein kleiner geraspelter Apfel, ein knapp gefüllter Esslöffel vegane Majonnaise, creme cuisine aus Hafer oder creme fraîche (pro Nase ca 80 g), ein Schuss Zitronensaft und weißer Aceto Balsamico, abgeschmeckt mit Kräutersalz und schwarzem Pfeffer. Alles gut verrühren und durchziehen lassen. Der leckere kalte Dip veredelt hervorragend das warme, knackige Gemüse und macht aus Winteressen einen Genuss.

Vegetarische Rouladen mit Bulgur

12 – 14 große Wirsingblätter dünsten für die Rouladen zum Einwickeln. Aufpassen, dass die Blätter nicht zu weich werden oder nicht mehr stabil sind. Die zu dicken

Teile der Stiele entfernen.

Für die Fülle: Zwei mittelgroße Karotten geraspelt, etwas Sellerie, ebenfalls geraspelt, drei bis vier Knoblauchzehen, 2 Zwiebeln alles klein gewürfelt.
Für vier Personen 200 g Bulgur, Das Wasser vom Dünsten der Wirsingblätter mit Gemüsebrühe aufschütten auf eine Gesamtmenge von etwa 300 ml und die Bulgurmenge etwa 5 Minuten darin ziehen lassen, dann die Gemüsebestandteile für weitere 5 Minuten zum Garen hinzugeben. Mit Tomatenmark und Gewürzen wie viel Muskat, Ras el Hanout, Paprika, Salz abschmecken und zum Schluss gehackte frische Petersilie hinzugeben.

Die Fülle zum Eindicken ziehen lassen und dann in gewohnter Weise in die Wirsingblätter einrollen. Alle Rouladen in eine feuerfeste Form geben und mit etwas Öl der Wahl vor dem Servieren garen.

Ein-herz-fuer-bio.org

Networking-Konferenz Sourcing-Trends war ein voller Erfolg: Über 70 Geschäftsführer von Herstellern, Einkäufern aus dem Rohwaren- und Biobereich, Entscheidern aus Import und Zertifizierung, kurz ein hochkarätiges Fachpublikum, das zusammenkam, um konzentriert Marktlage, Entwicklung und aktuelle Trends zu diskutieren. Zum Auftakt konnte Frau Schaack von AMI GmbH mit positiven Nachrichten zum deutschen Biomarkt und zur Situation des Bioanbaus glänzen. Fast 15 % Biowachstum im ersten Halbjahr 2019 und bei Getreide nur noch ein Importanteil von rund 20 % dank gewachsener Anbauflächen in Deutschland.

Proteinreiche vegetarische und vegane Produkte stehen aufgrund der positiven Marktentwicklung weiterhin im Fokus. Berthold Dreher von der Ölmühle Oberschwaben sprach über Proteinmehle und Trends im Bioöl-Bereich"

Die Herren Fischer und Ritter von Nungesser stellten Bio-Sesam und andere interessante Produkte aus Import über eigene Projekte ihres Unternehmens vor.

Peter Voegler von Eurofins fesselte mit seinem Beitrag zum Thema: Qualitätssicherung in internationalen Lieferketten. Aus der Reihe der Superfoods gibt es von HanfFarm und Hempro durch die Herren Kruse und Dulon aktuelle Einblicke in die Versorgung und Nachfrage zum Thema Hanf, Hanfprodukte und Hanfprotein sowie sicher auch den aktuellen Stand um die Diskussion über Hanf als Novel food. Herr und Frau Andrae von Better-Eco stellten die aktuelle Palette der eigenen Direktimporte aus Projekten in anderen Kontinenten vor. Für Ecocert IMO warfen der Deutschlandchef Broquet und sein Kollege Faßbender die spannende Frage auf, wie sich Firmen auf die Neubearbeitung der EU-Bio-Richtlinie vorbereiten können und worauf sie sich einstellen sollten.

Dr. Holstein behandelte das Trend-Thema: Vegetarische Proteine für Fleischersatz als Klimaschutz mit Geschmack. Das Thema Trend-Lebensmittel und Proteine führte Steffen Schmidt, Ebro-Group/ Transimpex Hamburg mit der Vorstellung neuer Produkte fort. Zu dem immer wieder kontrovers diskutierten Thema Bio-Palmöl und nachhaltiger Anbau traf die Konferenz auf einen absoluten Experten, Sven-Dai Landshöft von DAABON Europa GmbH. Schließlich gab es für Import-Ideen noch eine Kooperation mit der deutsch-ukrainischen Handelskammer. In diesem Zusammenhang wurden sowohl klassische Produkte des Landes wie Bio-Hirse, verschiedene Linsensorten, Kichererbsen und Commodities aus Vertragsanbau vorgestellt wie auch schon hoch interessante Produkte in verarbeiteter Qualität wie etwa Tomatenmark und Ketchup – alles selbstverständlich in Bioqualität.

Die Konferenz bot auch dieses Mal spannende Insiderinformationen und Stoff für Diskussionen auf höchstem Niveau, was natürlich auch der Tatsache zu verdanken ist, dass das Publikum sich aus hochkarätigen Profis und Entscheidern zusammensetzt, die hier gezielt den Austausch untereinander suchen. Und natürlich nutzen die Teilnehmer das Zusammentreffen in wechselnden Konstellationen dazu, alle möglichen Formen von Ideenaustausch bis zu Kooperation zu besprechen, was man in einem derart vertrauten Rahmen eben auch wunderbar kann.

Rissener Landstrasse, Rissen

Hendrik war froh, dass er sich auch einmal wieder aus seinem Einkäuferalltag herausschleichen konnte. Manchmal beneidete er Olga mit ihrem Café und all den interessanten Gästen, mit denen man dort in Kontakt kam. Das Rohwarenthema war jetzt nicht sein Hauptvorwand, aber die Innovationen. In Dänemark stand das Thema Fleischersatz auch vom Angebot her ganz am Anfang. Zu der Konferenz sollte es auch ein paar Probierportionen aus Erbsenprotein geben und das war den Besuch wert.

Außerdem hatte er sich am Rande der Konferenz mir Mareike verabredet, die – wie es schien – auch zufällig in Hamburg war, allerdings nicht wegen der Konferenz. Sie sprach von Entwicklungen und Versuchen. Als sie sich am Nachmittag nach der Veranstaltung in der gemütlichen Blankeneser Teestube trafen, gab sie ihm ein noch sorgsam warm gehaltenes Probestück in den Mund. Im Biss nicht total fest wie ein richtiges Stück Fleisch, aber angenehm, nicht zu soft und ebenso neuartig im Geschmack wie ein andersartiger Klops – nicht schlecht. „Was ist das?", will er sofort wissen. „Hab ich herausgeschmuggelt, ist der aktuelle Stand unserer Entwicklungen. Den kann es dann bald in Deutschland und auch in Dänemark geben. Der ist jetzt aus Erbsenprotein, Haferflocken, Dinkel, Gemüsezutaten und Gewürzen." „He krass, spannende News. Da muss ich meinen Einkaufsleiter sofort heiß drauf machen." „Ich muss sehen, was ich für dich tun kann. Erst einmal muss die Herstellung wirklich in einen Dauerbetrieb umgesetzt werden und dann sehen wir weiter." „Warum schreibt eigentlich Jan der Gutinformierte gar nichts darüber in seinem Blog. Der ist doch sonst bei den Trends immer ganz vorn." Mareike wurde einsilbig „der darf nichts wissen. Ist viel zu riskant. Sonst dreht man mir noch den Strick darauf. Geschäftsgeheimnisse und so… Frag besser nicht. Ist ein Thema für sich."

Schnell schwenkte Hendrik auf ein anderes Thema. „Aber jetzt sag mir doch eins: Wie kommt man heute an die Rohwaren für solche Produkte?" „Das ist wohl eines der spannendsten Themen." Texturized Vegetable Proteins, TVPs wie die Kenner sagen. Rein theoretisch machbar aus allen Proteinen, die in einem

Extruder verarbeitet werden können. Du weißt, was ein Extruder ist? Diese hochkompliziert einstellbare Schnecke, mit Hitze, Kälte und Druck, aus der am Ende kleine oder große Stücke herauspoppen, die entweder sich entfalten oder nur bröseln oder die zu aller Überraschung scheinbar gutes Material hervorspucken, das dann nach wenigen Wochen nur noch ranzig schmeckt. Immer wieder sind neue Versuche nötig und alles kommt nur langsam voran." Wer dieses Thema bei Mareike anstich, der hat sie in ihrem Element. Hendrik ahnt, dass er damit den Nerv der letzten Zeit getroffen hat. Olga hatte schon so etwas angedeutet. Sie arbeitet zwischendurch mit einigen solcher Produkte und immer, wenn die Gäste eine Kreation besonders toll fanden und Olga bestürmen „mach noch einmal so wie in der vorletzten Woche", dann muss sie sich herausreden, weil sie genau weiß, dass da erst einmal nichts zu machen ist. Tests müssen leider immer in großen Mengen gemacht werden und die Ergebnisse auch noch einige Zeit danach lagern, bis man sicher sein kann, dass die Ergebnisse verwendbar sind. Und das macht man natürlich immer nur in Eckzeiten, weil die leistungsfähigen Maschinen für zig Tonnen output pro Tag logischerweise für die laufende Produktion und deren Bedürfnisse sinnvoller eingesetzt sind. Da kann die Entwicklung immer nur im dritten und vierten Glied zwischendurch aufgegriffen werden. Es gäbe aber so viel zu testen: Mischungen von Proteinen, wie sich verschiedene Zusammensetzungen verhalten und und und…So dauert es immer sehr lange, bis man Ergebnisse hat. Und ja, die Wege dorthin und die Kniffe sind geheim. Da stehen selbst Fachleute davor und sehen, dass die Ergebnisse unterschiedlich sind und können nicht wirklich erklären, aus welchem Grund und warum.

Selbst Mareike, die schon viel auf diesem Gebiet ausprobiert hat, muss die eigenen Hoffnungen und Visionen immer wieder auf die Realität und das Machbare hin zügeln. Nicht immer leicht. Und auch nicht einfach zu verarbeiten, wenn man nicht einmal darüber reden darf. An diesem Punkt möchte Hendrik nicht mit ihr tauschen. So genießen sie lieber die hereinbrechende Nacht mit einem leckeren Tee vom Stöfchen und blicken versonnen in den kleinen Park, der gegenüber liegt. Zum Abschied drückt Mareike Hendrik aus ihrem Rucksack noch ein großes Muster mit TVPs in die Hand. „Für den nächsten Wochenend-Brunch. Olga kann mir ja mal berichten…"

Olgas neuen Bratlinge

Für vier Personen ca. 150 g von fest Erbsenprotein mit einer festeren Konsistenz, dazu 50 – 80 g vorgekeimten Buchweizen. Zusammen in einer warmen Tomatensauce quellen lassen gewürzt nach Wahl mit vorgegarten Gemüsestückchen aus Paprika, Zwiebeln und Knoblauch, auch etwas geraspelte Karotte z.B. Alles gut quellen lassen in einer Würze aus Muskatnuss, Kräutersalz und schwarzem Pfeffer. Vor dem Abkühlen Leinmehl für die Bindung einrühren.

Die abgekühlte Masse zu Bratlingen der gewünschten Größe Formen und in Rapsöl bei einer mittleren Hitze in der Pfanne knusprig anbraten und ausreichend wenden. Der Einsatz ist vielfältig. Man kann dazu leckere Dips aus Knoblauch, Meerrettich oder anderen Grundzutaten servieren oder warme Gemüse. Gegarte Bratlinge halten sich im Kühlschrank noch etwa drei Tage. Man kann sie nicht zu lange aufheben.

Frederiksberg, Kopenhagen

Olgas Wochenendbrunch wurde einmal wieder die Sensation für ihre Stammkunden und Foodies. Ein Fest aus angerösteten kleinen Lauchstangen, Gemüsezwiebeln, Rosenkohl, Pastinaken, Broccoli und gerösteten Kürbisspalten. Dazu Olgas legendären Dips. „Und wie lange hast Du letzte Nacht in der Küche gestanden. Bestimmt mehr als drei Stunden." Olga muss vielsagend lächeln, aber sie hat an diesem Abend in der Tat fast drei Stunden, aber mit der Unterstützung von Hendrik, das Buffet vorbereitet und sich dabei Hendriks neuesten Berichte aus Hamburg angehört. Der hatte ja wirklich eine Menge zu erzählen und natürlich musste er vor allem das Gespräch mit Mareike genauestens wiedergeben. „Wie es bei den beiden geht, das wollte ich nicht so genau wissen. Hendrik, versprich mir, dass du so etwas nicht mit mir machst", war es Olga nach dieser Erzählung entfahren. „Aber ehrlich, ich wollte auch nicht in der Haut von Jan stecken. Das ist nun wahrlich nicht toll. Wir sollten uns demnächst einmal etwas für die beiden einfallen lassen. Irgendwie hört sich das alles gar nicht gut an."

Aber erst einmal wurde der Brunch ein unvergesslicher Erfolg. Am Nachmittag näherten sich die vorbereiten Leckereien endgültig dem Ende. Selbst Ihr Mangold à l´Orange war praktisch ebenfalls aus. Spontan bereitete Olga für die Runde noch einen heißen Punsch aus Orange, Zimtstangen,

Ingwerscheiben vor, den sie mit frischer Minze dekorierte. „Der geht aufs Haus. Und danach ist Schluss für heute, verkündete Olga launig.

Olgas Punsch

Als Basis eignet sich gut der naturtrübe Apfelsaft, den man sanft erhitzt. Bio-Orangen und eine Biozitrone werden abgewaschen und in Scheiben geschnitten, dazu ein großes Stück Ingwer geschält und ebenfalls in Scheiben hineingegeben sowie Zimtstangen nach Geschmack. Auch eine ausgekratzte Vanilleschote passt gut. Das sollte unterhalb der Kochschwelle durchziehen und nach dem erfolgreichen abschmecken warm serviert werden.

Chicoréeauflauf à l´Orange

Küchentechnisch versierte wissen, wieviel Wasser beim Dünsten dieses lecker-herben Gemüses anfällt. Deshalb wird es separat angedünstet und erst dann mit frisch gepresstem Orangensaft, Curry und Muskat gewürzt. Wir schichten erst alles in einer feuerfesten Form. Ganz unten ein Schuss Olivenöl. Darüber eine Schicht vorgekochter Dinkel mit Sultaninen. Darüber eine Schicht gedünsteten Chicorée. Dann wieder eine Schicht Dinkel, darüber erneut Chicorée. Über alles geben wir eine gewürzte Hafercreme mit einem Hauch Curry und stellen alles für etwa 20 Minuten bei Umluft in den Backofen.

Wenn Mareike solche Artikel liest, dann hat sie in diesem speziellen Medium immer den Eindruck, die Autoren könnten ihre Gedanken lesen. Fast könnte man denken, der Schreiber hätte sie beobachtet. Manchmal fragt sie sich, ob das vielleicht sogar einer dieser Geheimjobs von Jan sein könnte. Oh je, wie verändert sich das Leben, wenn man niemand hat, mit dem man all das besprechen kann, das einen gerade so bewegt und bestimmt. Da wird einem der Austausch mit den Kunden fast näher als die häusliche Beziehung, der man sich nun wirklich sehr nahe und seelenverwandt fühlte. Hoffentlich kommt das wieder, wenn der Job vorbei ist. Und sie fragt auch manchmal, ob das alles wirklich normal ist, diese Angst der Kopie, dass man selbst mit seinem Partner nicht mehr normal über das sprechen kann, was einen früher verbunden hat.

Ein-herz-fuer-bio.org

Veganer Fleischersatz 2.0.: Jedem den vegetarischen und veganen Burger, den er möchte

Die Zeit der ersten Generation von Soja-Extrudaten für Fleischersatz, die meist mit einem dicken Mantel aus Panade verarbeitet wurden, ist einer neuen Stufe gewichen, die auf eine reine Panadewürzung verzichten kann. Materialien aus Sonnenblumenextrudat oder Extrudaten mit Faberbohne oder Erbse sind der Trend. Im Zusammenhang mit Fleischersatz ist die Rolle von Soja eher im Bereich von Tofu zu finden.

Was die Ernährungsbewussten ebenso wie viele

Biokunden an den neuesten Errungenschaften zu Recht stört, ist jedoch die Tatsache, dass die geschmacklich am besten beurteilten Exemplare in der Zutatenliste einem Chemiebaukasten gleichen. Die Kritik richtet sich nicht gegen Hochtechnologie in der Verarbeitung, sondern gegen unnötige und für die Ernährung minderwertige Zutaten und Hilfsstoffe. Es kann nicht sein, dass dies der Preis einer veganen oder vegetarischen Ernährung sein muss. So wie man einst es geschafft hat, die vegetarischen Brotaufstriche auch ohne den in den Anfängen unverzichtbaren natürlichen Geschmacksverstärker Hefe herzustellen, so kann man auch beim Fleischersatz auf gesundheitlich bedenkliche Zusätze durchaus verzichten. Das wurde in unendlichen Küchenversuchen bereits unter Beweis gestellt. Auch hier kann es freilich so kein, dass gute Zutaten eben wie immer einen kleinen Mehrpreis haben.

Mottenburger Twiete, Hamburg

Mareike trifft sich mit einem alten Entwickler, von dem alle behaupten, er sei persönlich zwar schwierig, aber fachlich ein absoluter Crack. Sie sind zum Kaffee in einem dieser typischen Cafés in Ottensen verabredet. Eigentlich war er schon am Telefon anders als beschrieben: umgänglich, offen, noch dazu mit einer sehr angenehmen Telefonstimme. Mareike wollte erfahren, was denn jemand, der Bioprodukte seit über vierzig Jahren kennt, von den aktuellen Fleischersatzprodukten hält. Lehnt er das total ab? Findet er das alles zu künstlich, zu hoch verarbeitet, zu weit weg von den Ursprüngen? Zu ihrer Überraschung erfährt Mareike gleich bei der

Begrüßung, dass er selbst auch an derartigen Produkten mitarbeitet und seit Monaten an einem von den Zutaten akzeptablen Burger und vergleichbaren Produkten tüftelt. Das hätte sie nicht erwartet. Eigentlich spannend, jemand zu befragen, der das alles aus einer viel langfristigeren Erfahrung und Sichtweise kennt. „Man nannte das damals nicht so, aber die ersten Körnergerichte aus Grünkern und Dinkel waren nie etwas anderes. Man darf vor allem nicht vergessen, dass die Anfänge der Bioernährung in Deutschland vegetarisch und vollwertig ausgerichtet waren. Das waren die Ernährungskonzepte, mit denen der Gedanke von ökologischem Anbau verbunden war. Erst als man später Bioqualität für sich beschrieben und definiert hat, ging diese einstige Verbindung verloren. In den Anfängen beschrieb „Bio" vor allem die gute Absicht. Nachdem die Anbauverbände und danach die Europäischen Normen „Bio" in feste, rechtlich nachvollziehbare Raster packten, ging die Verbindung mit einem Ernährungskonzept erst einmal verloren. Und heute hat die junge Generation unter Stichworten wie vegan diese Verbindung wiederhergestellt. Stofflich nachprüfbare Bioqualität hat überall dort ihren klaren Sinn, wo es um die Schadensbegrenzung für Mensch und Natur geht. Stofflich schützt Bioqualität Mensch und Natur. Das allein aber macht noch keine wirklich gesunde Ernährung aus. Wer sich etwa sehr stark von stark zuckerhaltigen Bioprodukten ernähren würde, lebte auch nicht gesund. In den letzten Jahren wurde neu bewusst, dass Bioprodukte nicht einfach nur Lebensmittel aus Stoffen mit anderer Materialqualität – ohne Pestizide, Geschmacksverstärker und schädliche Zusätze – sein wollten. Zu Bioangeboten eignen sich eigentlich nur Produkte, die zu einer guten Ernährung beitragen. Ein Glatteis, ich weiß. Was ist schon gut? Genau das führte dazu, dass junge Verbraucher sich mit fliegenden Fahnen dieser Chiffre vegan bemächtigten." „Das bedeutet, dass alle Versuche mit blutiger Hackfleischfarbe und Fleischgeschmack in manchen Produkten gar nicht so nötig sind..." „Ich denke ja. Auf der anderen Seite gibt es Produkte mit Fleischstruktur, die schon vom Material her wie Geflügel schmecken. Was ist einen Versuch wert? Bei solchen Materialien kommt es – nach meiner Meinung – immer auf zwei Dinge an. 1. Sie müssen schmecken. Und 2. Sie müssen ein echtes Gefühl der Sättigung geben. Das erreicht man natürlich auch über Hülsenfrüchte oder Nüsse. Da sind diese extrudierten Produkte eben schlicht ein zusätzlicher Geschmack, eine Erweiterung der Auswahl.

Der Abgleich mit dieser Meinung beruhigte Mareike. Ihr kam die Suche nach „Fleischersatz" bei ihren Auftraggebern ohnehin ein wenig wie die Suche nach dem Stein der Weisen vor. Was sich heute eher geändert hat, ist die Erkenntnis, warum man sich mit weniger Fleisch ernährt. In der Vollwertkost war der Ansatz die Gesundheit, während inzwischen stärker bewusst und klar wird, dass die gesamte übertriebene fleischbasierte Ernährung das Gleichgewicht auf der Erde zerstört, zu viel CO_2-Ausstoss, zu viel Verbrauch wertvoller Proteine für die Produktion von Fleisch.

„Wo die meisten Verschiebungen sich abspielten, sind die Vertriebswege. Vor dreißig, vierzig Jahren waren Produkte, die zu solchen Überzeugungen passten, Sachen der Nische, also von Körnerlädchen, beginnenden Bioläden und Reformhäusern. Und als sich dann der immer größere Erfolg solcher Gedanken gerade für Bioläden spürbar einstellte, glaubten die Akteure der ersten Stunde, sie hätten eine Art Erstgeburtsrecht darauf. Ehrlicherweise muss man sagen, dass sie einfach die Veränderungen des Marktes verschlafen haben. Dieser Gedanke, dass die Menschen eines Tages nach ihren Überzeugungen einkaufen, wäre schön, funktioniert aber so nicht. In unserer Gesellschaft muss ein Markt immer reflexartig funktionieren. Man stellt Lebensmittel in ein Regal, in ein Kühlregal und die werden von den Kunden genommen und gekauft. Und da kommt es am Ende des Tages in erster Linie darauf an, dass man die Sprache der Kunden spricht oder eben irgendwie ihren Nerv trifft."

Fundstück aus dem Netz:

Es ist Fünf vor Zwölf – aus gegebenem Anlass

Ja, diese Aussage Fünf vor Zwölf, die hatten wir schon vor 50 Jahren mit dem „Club of Rome" und den „Grenzen des Wachstums" und heute erinnern uns die „Fridays for Future" in etwas anderem Zungenschlag mit der „Klimakatastrofe" wieder daran. Ist es schon zu spät? Ich sage „nie" und blicke einem meiner Vorfahren aus dem Dreißigjährigen Krieg auf einem Stich ins Gesicht, dessen Bild mich seit der Jugend begleitet. Er war Pastor und hat das Ende des Krieges nicht mehr erlebt, aber verzweifelt war er nie...

Wir Bioleute müssen heute uns wieder daran erinnern,

umfassender zu denken. Da fällt mir zum Ende dieses Jahres vor allem die Ermahnung von Jan Plagge ein, nicht mehr in Gräben und Lagern zu denken und sein ehrliches Wort, dass wir uns nicht davon freisprechen können, das Wichtigste, den Erhalt unserer Umwelt, nicht erreicht zu haben und auch die Priorität dafür falsch gesetzt zu haben.

An Bio und Biofortschritt mangelt es nicht. Wohl aber an den wirklich guten Plänen zur gemeinsamen Rettung der Grundvoraussetzungen für Bio – einer bebaubaren Umwelt. Da sollten wir jedes Engagement in diese Richtung nicht bewerten und klassifizieren, sondern freudig und ehrlichen Herzens begrüßen.

Und bitte noch eines und sehr konkret: Weder Discounter, noch konventionelle Vollsortimenter oder Drogeriemärkte müssen sich beim Biofachhandel dafür entschuldigen, dass sie ein Bioangebot auf ihre Art betreiben. All diese Kräfte verursachen auch nicht alleine den Billigwahn der deutschen Verbraucher in Sachen Lebensmittel. Jedes wirtschaftlich und rational geführte Unternehmen bietet vor allem das an, was die Verbraucher wünschen. Und würde ich mir – nebenbei bemerkt – sehr wünschen, dass die typischen Biomärkte ebenfalls mehr vegane und wohlschmeckend schnelle Alltagsideen anbieten, die Bioernährung für Trendorientierte leicht und lecker machen.

Versuchen wir es doch einmal mit einer Sprache und Denke der Gemeinsamkeit. Moralische Bewertungen helfen überhaupt nicht weiter. Ich habe es auch nicht gerne, dass die Menschen immer nur dann an eine bessere Ernährung denken, wenn man ihnen mit Fettleber, Herzinfarkt und Krebs droht – aber so ticken eben viele. Und wenn offenkundig nur Angst und Furcht vor Verlust der Existenz Menschen zum Einlenken bewegt, dann ist das eben so. Ich auf jeden Fall weiß, dass es nicht zu spät ist und begrüße auch für das nächste Jahr alle, die aus welchen Motivationen auch immer bei der Verbesserung von Klima, Ernährung und Verhältnissen dabei sein möchten.

De Pipe, Amsterdam

Jan hat mal wieder einen Spezialauftrag. Er soll für ein etwas intellektueller angehauchtes Magazin schreiben, wie sich der Markt in Sachen Bio, Vegan und Trends entwickelt. Gerade Deutschland – einst der Gründermarkt für Bio – ist für die europäischen Nachbarn immer schwerer einzuschätzen. Denn das äußere Bild entspricht immer weniger dem inneren Zustand. Die Biofach ist unangefochten sicher die Weltmesse für Bio, aber ist etwas anderes geworden als sie nach außen hin behauptet. Nicht der alte Fachhandel oder die Gründerszene beherrschen heute das Bild. Die meisten der einstigen Pioniere sind abgetreten, der Bio-Fachhandel kann sich nur schwer behaupten und die wirklichen Marktbewegungen finden seit vielen Jahren eher ohne ihn statt. Aus diesem Grund lässt sich Jan von einem Kenner der Szene erklären, wie man an die Beurteilung dieses komplexen Marktes herangehen kann.

„Fangen wir mit der wichtigsten Erkenntnis an: Der Kauf von Bio-Lebensmitteln hat immer weniger mit allein überzeugungsgetriebenem Verhalten zu tun. Es gibt eine kleine Gemeinde der Überzeugs- und Gesinnungstäter, aber die allein machen den heutigen Massenmarkt für Bioprodukte in Deutschland nicht aus, sondern nur noch maximal 10 % dieses Marktes. Das kann man nur schätzen – belastbares Zahlenmaterial gibt es nicht. Eine sicherlich größere Gruppe hat rationale Gründe für den Kauf von Bioprodukten: Ernährung ohne Pestizide, ohne schädliche Zusatzstoffe, besserer Umgang mit Tieren, Schutz von Umwelt und Klima. Solche Grundmotive tauchen in der Realität nie völlig alleinstehend auf, sondern eher als Teil eines Motivationsclusters.

Ein weiteres wichtiges Element in diesen Clustern sind Aspekte von Trend und Schick-Effekt. Gerade unter dem Thema „vegan" muss man einen entsprechenden Anteil annehmen. Hier muss man sich einfach klar sein, dass derartige „Likes" zum Teil ein sehr flüchtiges Gut sein können und nur sehr bedingt ein dauerhaftes Kauf- und Verhaltensmotiv bleiben. Allerdings ist genau dieser Effekt aber ein wichtiges Einstiegsmotiv in eine veränderte Ernährung und genau deshalb lohnt es sich auch, sich damit zu beschäftigen.

Ein etwas anderer, aber ähnlicher Fall ist die Zuneigung zu Bio aus Prestigegründen. Jede Gesellschaft sucht nach Anzeichen und Darstellung von Erfolg in verschiedenen Lebensbereichen und das trifft natürlich auch für Ernährung und Lebensmittelkonsum zu. Wir beobachten beispielsweise im benachbarten Frankreich, wie dort regionale Bioprodukte heute immer mehr die einstige Rolle der im 20. Jahrhundert noch hoch geschätzten Regionalspezialitäten einnehmen. Als nachweisbarer Ausweis von Qualität eignet sich Bioqualität als gute Begründung für einen besseren Habitus in der Ernährung. Aber auch die dadurch erreichbare Zielgruppe liegt allerhöchstens bei 20 %.

In Deutschland eher diffus, aber zum Teil parallel damit sei dann noch das Thema „Geschmack" genannt. Das ist in Deutschland so schwierig, weil in der Massenkultur in Deutschland anders als beispielsweise in Frankreich oder Italien die festen und belastbaren Kriterien für hochwertigen Geschmack nicht allgemein verbreitet sind. Wie anders ließe es sich erklären, dass in Deutschland immer wieder derart viele den Geschmack verfälschende Lebensmittelmanipulationen stattfinden: schlechte Olivenöle, schlechte Schaumweine und Weine, minderwertige Fleischprodukte – um nur die offenkundigsten Fälle zu erwähnen.

Was ist die Konsequenz? Die hier geschilderten Kaufmotivationen sind wichtig, um die Entwicklung der Bio-Nachfrage zu verstehen. Aber sie sind nicht alles. Ein wesentliches die Kauf- und Ernährungstrends Element, welches die Steigerung der Nachfrage bestimmt, sind die praktischen Hintergründe: Auch die Bioangebote sollten sich den aktuellen Essgewohnheiten anpassen. Die Nachfrage nach verzehrfertigen Produkten, nach Single-Portionen, weltweite Lieblingsprodukte wie Burger, Süßkartoffel-Fritten und asiatische Nudel-Eintöpfe sparen auch die Ernährungswünsche junger Biokunden nicht aus. Und ja, die Entwicklung solcher Trends kann manchmal kurzlebiger sein als bislang gekannt: Wie lange ist Chia-Pudding noch in? Wie lange Porridge?

Ein sorgsames Auge verdient nach wie vor die Frage, welchen Anteil weibliches und welchen männliches

Essverhalten hat, weil es noch immer vorwiegend Frauen sind, die in der Praxis für die Ernährung den Ton angeben."

Ja, dieser deutsche Markt hat wirklich seine Eigenheiten und ist in machen Dimensionen alles andere als leicht zu verstehen. Und trotzdem: auch er wird im Laufe der Zeit immer internationaler, was Ernährung angeht und er ist nach wie vor ein Markt mit großer Kaufkraft, selbst wenn die Ausgaben für Lebensmittel durchschnittlich deutlich unter denen der Nachbarländer liegen. Da muss man durch die Handelslandschaft zu den Verbrauchern schauen und da gibt es interessante Ansätze. Auf der einen Seite sind in Deutschland die größten Schweinefleisch-Verarbeiter zu Hause und auf der anderen Seite geht – getrieben von den gesellschaftlichen Eliten – der Fleischkonsum erkennbar zurück. Die Frage bei allem zusammen ist immer noch wie sich das weiter-entwickelt. Zahlen dazu gibt es nicht. Aber es gibt Trends, die sich vor allem diesmal im konventionellen Bereich ablesen lassen. Immer mehr Markenartikler steigen in den vegetarischen und Fleisch bewusst ersetzenden Produktbereich ein. "Und gilt das auch für den Bereich?", wollte Jan natürlich sofort wissen. „In diesem Fall scheint es anders als damals, als Fleischersatz Tofu bedeutete. Da griff das Thema Fleischersatz zunächst in Bioqualität, weil die Technik auch erst einmal aus dem Bereich der Biohersteller kam. Das ist diesmal anders. Prinzipiell sind die Techniker der Trocken- und der Nassextrusion zwar auch mit Bioprodukten anwendbar. Aber… und das ist wohl der Punkt… es fehlen die geeigneten hoch-proteinhaltigen Rohwaren dafür. Und deshalb sagen derzeit noch selbst alle für Bioqualität durchaus gutwilligen Hersteller, dass das für sie - noch – nicht möglich ist. Der Markt nimmt das im Moment noch nicht weiter übel. Aber es gibt natürlich schon heute Stimmen, die sagen: Warum sich für das Wohl der Umwelt vegetarisch ernähren, wenn das Angebot dafür aus wahren Chemiekeulen besteht? Ewig wird dieses Angebot nicht von allen akzeptiert."

Kürbistaler, mariniert und überbacken

Man nehme den unteren Teil eines Eierkürbis, schäle ihn vorsichtig und schneide den Kürbis in gut einen halben Zentimeter dicke Scheiben. Dann lege man ihn in den Saft einer Orange mit einem guten Spritzer Zitrone ein. Nach dem Ruhen in diesem Sud lege man die Scheiben auf Backpapier in den Backofen und bestreichen sie mit einer Mischung aus dem verbliebenen Sud, gewürzt mit Rapsöl, Kräutersalz, Muskat und Pfeffer und lasse sie bei 100 Grad Umluft eine halbe Stunde garen. Jetzt mische man den Restsud entweder mit Hafercreme oder Creme fraîche oder Frischkäse, bestreiche die Plätzchen erneut und dekoriere sie in der Mitte mit Obstscheiben, zum Beispiel von einer Birne und lege separat bereits etwas vorgegarte Zucchinischeiben darauf und gare die Taler dann fertig. Schmeckt fein und benötigt etwas Händchen. Man kann neben Kürbis zur Abwechslung auch ausgestochene – wirklich nur einen halben Zentimeter starke – Selleriescheiben dafür nutzen. Die muss man nur kurz in Wasser vorgaren, weil die allein im Backofen zu knackig und roh bleiben würden.

Jan versucht, den Kontakt zu einem Redakteur wieder aufzunehmen. Manchmal packt ihn nur das nackte Entsetzen, wenn er so die deutschen Produktionen über Lebensmitteltests anschauen muss. Da geben scheinbar ahnungslose Verbraucher wildeste Urteile ab, erklären Billiglebensmittel für beste Qualität und wundern sich dann auch noch vor laufender Kamera, dass die Zutaten für günstigste Produkte nicht aus der Nachbarschaft und aus deutschem Anbau kommen. Vor allem fragt sich Jan, was diese Art von „Information" oder „Aufdeckung" bringen soll. Da zeigt die Kamera die Enttäuschung der Kunden über weite Wege der Herkunft und schürt die platte Vorstellung, alles müsse „aus der Region" stammen und keiner setzt sich mit der Frage auseinander, warum das so ist. Eben weil Verbraucher bei den Massenartikeln nur zum günstigen Preis kaufen und weil es für deutsche Anbauer in der Regel unzumutbar – und vor allem in keiner Weise kostendeckend – ist, auf solche Preise einzusteigen. „Ist das schon für euch zu kompliziert?" fragt Jan Klaus, seinen Gesprächspartner. „Wahrscheinlich, und ohne Mehrwert für die Quote…" „Oh bitter." „Unsere Magazine leben davon. Da ist ein prominentes Gesicht wichtig, irgendeine Form von Aufdeckung und da erklärt man dann schon mal ganz normale Rechenexempel für einen Skandal. Bloß nie zu kompliziert werden."

Jan wird schnell klar, dass dies bestimmt nicht seine Welt ist und dass er dahin in keiner Weise passt. Überwiegend ein Handel mit Halbwahrheiten, die das Zeug zu einem Pseudo-Skandal haben. Bekannte Allerweltsweisheiten aus der Lebensmittelbranche zu Nachrichtenwert aufputschen und bloß nicht wirklich informieren. Gräuslich.

Aber es kommt ja noch schlimmer. Da werden gerade Sendungen über die „Tricks der Lebensmittelindustrie" vorbereitet, in denen scheinbar unterhaltsam gängige Herstellungsformen und wirkliche Tricks bewusst durcheinandergeworfen werden. Was tut man nicht alles für die Quote. Schließt ein sogenannter „Entwickler" Düsen an einen Traktormotor, um damit einen Extruder zu simulieren und sich dann mit seinem Halbwissen zu brüsten. Herstellungstechniken für Proteinprodukte werden dabei neben nicht weiter deklarierten Zutaten als „Trick" vorgestellt.

Mit solchen Apparaten muss man erst gar nicht versuchen, über das zu reden, was Soziologen „die Moralisierung des Essens" nennen. Das heißt die Illusion zu verbreiten, als ob man durch richtig gewählte Ernährung die Welt und ihre Strukturen verbessern könne. Die alte Moralvariante war die puristische Bioernährung. Aber die hat sich jetzt zu einer wesentlich relevanteren Strömung gemausert, die schon wesentlich breitere Schichten erreicht. Die modernste Variante dazu ist die oberflächliche Rede vom „ökologischen Fußabdruck", den zwar so niemand so wirklich exakt ermitteln will, der aber im volkstümlichen Sinne schlicht an der Transportentfernung für ein Lebensmittel geschätzt wird. „Wenn alles so simpel wäre?" Nur wirkliche Profis wissen, dass es nicht so ist. Und so bleibt man dann lieber bei dem einfachen Märchen von den regionalen Lebensmitteln. „Oh könnte ich jetzt mit Mareike reden! Aber, wo ist die eigentlich? Die geht schon wieder nicht an ihr Handy… Muss ich mir Gedanken machen?" Jan beschloss, jetzt wirklich mal mit ihr zu reden. Und passend dazu liest er noch eine eMail, die ihm gerade Benny aus Hamburg schickte und die Jan natürlich sofort an Mareike weiterleiten musste, um ihr den Grund seiner Stimmungslage noch besser verständlich zu machen.

Bennys Mail

Das ist der Wahnsinn, wie sich dieser vegetarische Markt jetzt entwickelt. Da kündigt Nestle für den amerikanischen Markt an, dass man bald eine Riesenproduktion pflanzlicher Proteine aus Erbse und Raps aufmachen will. In Kanada soll bald eine knapp 100 000 qm große Produktion für Proteine entstehen, dort wird der Erbsenanbau als die neue Chance der Landwirtschaft gesehen. Und bekanntlich steckt hinter der Rohware von Beyond Meat ja Roquette, die eben auch in großem Stil Erbsenprotein auf der Basis von Rohstoffen und dem Anbau aus dieser bekannten Zuchtmethode von Equinom ebenfalls in großem Stil herstellen. Wer hätte das je gedacht? Und da kommt einem dagegen Europa doch wieder klein und engstirnig vor. Hast du den Eindruck, dass die hiesigen Player so etwas schon kapieren?

Temelin, Tschechien

Mareike ist mit Rolf einem Entwickler aus dem Team ihres Auftraggebers unterwegs, um Rohwaren für Burger zu sichern und die Qualität zu überprüfen. Eine leidige Aufgabe, weil fertig extrudierte Proteine eine Fülle von Tücken haben. Nur wenige Produzenten haben mit jeweils nur ausgewählten Proteinen Herstellerfahrungen. Als einzig Soja der Rohstoff der Wahl war, war das einfacher. Nun gibt es einige, die zusätzlich Erfahrungen mit Hanf, Sonnenblume und Erbse haben. Ob das verlässliche und jederzeit wiederholbare Produktionsarten sind kann man den einzelnen Mustern nicht ansehen. Erfahrungen mit Proteinmischungen sind noch seltener. Da kann man nur versuchen, vor Ort noch etwas schlauer zu werden, wenn man die Firmen besucht, guckt, was sie aktuell produzieren und hoffentlich herausbekommt, welche Rohstoffe aus welchen Quellen sie einsetzen. Die Arbeitsteilung ist einfach: Rolf muss sich um die Sicherheit in den Zertifikaten, Preisen, Konditionen und der Lieferfähigkeit kümmern. Mareike soll zusätzlich sicherstellen, dass die produzierten texturierten Bio-Pflanzenproteine in einer verarbeitbaren und verwendbaren Qualität vorliegen. Das kann man sich zwar an Mustern anschauen und dann versuchen, die Muster ihren Rohstoffen zuzuordnen. Aber ein Restrisiko bleibt.

Und während Mareike unterwegs ist, ruft ausgerechnet auch noch Jan bei ihr an. Sie hat schon vor der Abreise seine Nummer auf ihrem Handy gesperrt, um vorsorglich eine Störung zu simulieren. Aber irgendwie geriet Jan dann doch auf die Mailbox. "Scheiße, jetzt passt es überhaupt nicht." „Jan, das Meeting dauert leider viel länger als gedacht. Ich melde mich morgen", setzte sie mitten in der Nacht auf seinem Anrufbeantworter ab. Wieder nur einen Tag gewonnen. Was soll sie ihm sagen?
Am Mittag telefoniert Mareike erst einmal von ihrem Hotelzimmer aus mit einem deutschen Lieferanten,

der ebenfalls hochprozentiges Erbsenprotein verarbeiten könnte. Theoretisch, wenn die Rohware die Erwartungen erfüllt. „Eine Garantie aufs Gelingen können wir nun wirklich nicht geben. Und die Rohwaren für die Tests, die gehen bitte zu ihren Lasten. Wobei, mehr als zwei Tests würden wir sowieso nicht machen." Immer ähnliche Offerten. Und solche Angebote kann man nur annehmen, wenn sie am Ende einen Vorteil bieten. Was die Kunden mit solcher Ware herstellen, interessiert die Verarbeiter nur bedingt.

Zwischendrin – und ohne Ruhe für Konzentration für Details - findet Mareike dann auch noch die eMail von Benny, die Jan weitergeleitet hat. In ihrem derzeitigen Stress versteht sie da nur Bahnhof. Fast kommt innere Panik bei ihr auf. Sind die beiden ihr und ihrem Job auf den Fersen? Sie kommt mit dem immer weniger klar, denn im Moment hat sie völlig andere Probleme: die eigene Entwicklung zusammen mit dem augenblicklichen Kunden ist so gut wie fertig. Jetzt muss vor allem noch die Rohware gesichert und der Preis realistisch und tragfähig kalkuliert werden und dann können die Vorbereitungen für die Produktion gestartet werden. Und selbst, wenn sich alles programmgemäß entwickelt, würden dann noch quälende Monate vergehen, bis das Produkt auf dem Markt ist. Und bis dahin wenig unerwünschte Öffentlichkeit und Leute, die voreilig die falschen Details lüften. Wahrlich eine Nervenanspannung.

Gleichzeitig versuchte Mareike das vorzubereiten, was Jan anerkanntermaßen noch besser gekonnt hätte. Sie entwirft im Geiste bereits einen ersten

Marketingtext für die Produkte, die immer noch nicht das Licht des Marktes erblickt haben. Wahrlich ein Spagat und das zu aller Nervenanspannung.

Mareikes erste Notiz

Erbse mit Geschmack

Eine neue Generation von Burgern und Bouletten.

Jetzt gelingt es einem Naturkosthersteller, ohne alle künstlichen Zutaten einen Burger zu produzieren, bei dem nur noch Getreideprodukte, Gemüse und Gewürze eingesetzt werden. Ein wirklich natürliches Vergnügen. Ziel der Entwicklung war es, ein Produkt mit gutem Geschmack zu entwickeln, dass nicht unbedingt den typischen Fleischgeschmack imitiert, sondern dem veganen Produkt eigenes geschmackliches Standing verleiht. Ja und sättigen soll das Produkt natürlich auch und nicht überwiegend aus Wasser, gewürzt mit technischen Finessen bestehen. Ein eigenständiger Weg. Der ist sowohl in Bioqualität wie konventionell umsetzbar. Die Ware ist sowohl kühlpflichtig als auch ohne Kühlung zu haben. Das Produkt wird zunächst ausgewählten Interessenten vertraulich vorgestellt. Die Reaktionen der Tester klingen vielversprechend und begeistert.

Das könnte der Einstieg in eine interessante Produktreihe werden, weil die vielen Mühen von Mareike dazu geführt haben, dass am Ende ein neuartig aromatisiertes Proteinprodukt entsteht, das sich auch noch geschmacklich von anderen sehr nett abhebt. Man könnte jetzt eigentlich zufrieden sein, aber jetzt beginnt wieder eine andere, ebenso nervenaufreibende Phase wie die Entwicklung und die Sicherung der Rohware – nämlich das Warten auf die Akzeptanz in Handel und Gastronomie und damit auch auf das heiß herbeigesehnte Urteil der Kunden, für die die Entwicklung gemacht wurde.

Elshout, Niederlande

Benny hat mal wieder so einen Job angekommen, von dem er nicht so recht weiß, was er davon halten soll. Eine Firma in der Nachbarschaft dieses Restaurants an der alten Haltestelle möchte, dass er Fotos von Suppen und Fertiggerichten macht, die in der benachbarten Fabrik hergestellt und abgepackt werden. Aber warum dafür so einen großen Aufwand buchen? Der Geschäftsführer erklärt es ihm gerne: „Sie können sich denken, dass wir in der Umgebung schon sehr bekannt sind und da können wir bei besonders vertraulichen Entwicklungen keine Einheimischen gebrauchen. Unsere Technik ist nämlich sehr besonders: Wir stellen den Ansatz für unsere Suppen und Fertiggerichte ohne Kochen und Erhitzen her. Diese Technik wurde besonders für haltbare Fertiggerichte entwickelt, weil die ja bekanntlich später durch die Sterilisation sowieso genügend Hitze bekommen. Durch ein spezielles Heißluftverfahren in unseren Autoklaven erreichen wir, dass alle Gerichte am Schluss einfach mehr Geschmack behalten. Und wir als unsere Kunden sowieso die größten Discounter haben, die uns niemals erlauben, ihre Produkte als Referenzprodukte anderen zu zeigen wollen wir unser Können durch leckere Gerichte unter Beweis stellen." „Und wie möchten Sie das?" fragte Benny verwundert, „wenn ich eigentlich sonst weder Verpackung noch Etikett zeigen darf?" „Das habe ich mir schon genau überlegt. Die Rezepte haben nämlich noch viel mehr Haken, als Sie im Moment denken. Ich würde Sie mit Ihrem Assistenten zum Shooting in unsere Versuchsküche einladen. Sie bekommen die wichtigsten Basiszutaten von uns vorbereitet, etwa unsere Linsen oder unsere Bohnen – sowie streng geheim – auch unsere Fleischersatz-zutaten. Das richten Sie lecker an." „Oh, ich ahne es schon, da benötige ich eine perfekte Foodstylistin dazu, sonst wird das schwierig." „Und vor allem eine, die nicht alles in der Branche herumplappert." „Alle Pferdefüße für die Fotos sehen wir sowieso erst auf dem Set in Ihrer Versuchsküche. Aber das bekommen wir hin."

Die grobe Andeutung der Rezepte
Zwei Sorten Gemüsemischungen mit Bio-Protein-Schnetzeln aus Weizengluten und Erbsenprotein, jeweils eine gut bemessene Protion als Tellergericht

Mediterran mit Zusatz von Tomate, Zucchini, evtl. Karotte und Aubergine, dazu entsprechende Würzmischung

Mexikanisch mit kleineren Schwarzen Bohnen, Mais, Paprika, Zwiebeln, etwas Peperoni und wiederum eine passende schärfere Mischung

147

In beiden Fällen ist darauf zu achten, dass die zum Aufquellen nötige Basissauce auch für das Foto nicht zu dünn ausfällt, man soll sie auch richtig sehen.

Und dann haben wir zwei weitere Sorten mit Zugabe von viel Bio-Erbsen-Protein

Franco-italienisch mit auf Saucenbasis, also Tomate mit italienischen Gewürzen, kleine grüne Linsen, Erbsen und Karotten, gewürzt mit Knoblauch sowie eben die Erbsenproteinbeigabe

Orientalisch mit Bulgur, Rosinen, Kichererbsen, Curry-Sauce mit leichter Zugabe von Cocosmilch und wieder die Erbsenproteinbeigabe

Hasselbrookstraße Hamburg

Kaum, dass Benny wieder im Studio war, wählte er erst mal die Nummer von Mareike und Jan. Schließlich waren das die beiden einzigen wirklichen Experten. In Amsterdam ging nur Jan ans Telefon, die Frage nach Mareike musste er verneinen. „Die ist nicht da, ich weiß selbst nicht genau. Irgendwo im Ausland verschollen, Ich weiß auch nicht, wo." O Shit, Benny konnte genau spüren, dass es Jan überhaupt nicht gefiel, eine solche Antwort zu geben. War so eine Art Fettnäpfchen. Doch Benny ahnte ziemlich genau, dass für seine Fragen Mareike so rein fachlich die bessere Antwort hätte. Also musste er wohl versuchen, sie zu erreichen. „Störe ich?" „Hat etwa Jan dich gebeten, mich auszukundschaften?" „Nein, das bestimmt nicht. Ich habe eine Fachfrage. Aber jetzt glaube ich schon, dass ich vorab doch fragen muss, was bei euch los ist." „Eigentlich gar nichts." „Und uneigentlich?" „Ich weiß im Moment nicht, wo ich dran bin. Nein, weder Jan noch ich haben einen anderen. Aber ich bin mir im Moment nicht sicher, ob ich Jan vertrauen kann. Ich habe da einen total vertraulichen Entwicklungsjob. Und ich weiß einfach nicht, ob Jan da von einer anderen Seite als Szene-Schreiber dran ist, weil er die News haben will. " „Im Ernst Mareike, das soll es sein..? Und darüber könnt ihr nicht offen reden?" Benny wirkt fassungslos und am Telefon herrscht Schweigen. „Bist du noch da?" „Danke. Vermutlich hast du Recht. Aber weshalb hast du angerufen?"

Jetzt kann Benny von seinem Kunden in den Niederlanden berichten, von der Frage, wie er sich solche Proteine vorstellen kann und wie solche Gerichte vielleicht fertig ausstehen könnten. Mareike bricht erst einmal in Lachen aus. „Wirklich überall ähnliche Geheimniskrämereien und diese verdammte Angst, dass irgendein Böser einen kopiert. Diese Frage von dir ist so heilsam wie dein Anruf...." Schelmisch fügt sie hinzu, "eigentlich dürfte ich ja überhaupt nichts sagen, aber ich versuch´ es: die großen Proteinstücke aus Weizengluten und Erbse musst die eigentlich nur erst einmal etwa so lange befeuchten, bis sie sich auffalten. Dann siehst du, dass sie aussehen, wie echtes Fleisch. Fürs Foto wird es einfach. Du pinselst die fertigen Stücke mit einer gut dickflüssigen Sauce ein und drapierst die restlichen Zutaten nach Kundenwunsch dazu. Das Ergebnis ist so nicht essbar, sieht aber gut aus. Für die kleinen Erbsenproteine kannst du auch fürs Foto ähnlich wie echt arbeiten. Du rührst die Marinade rezeptähnlich an und kannst eigentlich loslegen und ja, bei allen Rezepten ist es sicher toll, die Sachen vor der Aufnahme leicht mit etwas Öl zu besprühen für die Glanzeffekte. Aber das weißt du ja besser als ich." Benny wagte es nicht mehr, noch einmal auf den mystischen Anfang des Kontakts zurückzukommen. „Muss wohl inzwischen ein Hotspot von Hauen und Stechen sein, dieses Protein-Business. Oder doch nur eine Überreaktion von Mareike?" Die überlegte jetzt in der Tat auch an diesem Gedanken herum. Die rettende Idee kam ihr damit, Jan einen gemeinsamen Besuch der Biofach in Nürnberg vorzuschlagen. Bis dahin war hoffentlich der ganze Rezeptkram keine Verschlusssache mehr.

Wallenhorst, Osnabrück

Auf dem Weg zur Biofach hat Jan noch einen Vortrag bei einem Seminar übernommen, weil ein Referent ausgefallen war. Rund fünfzehn Firmen mit der offenen Frage, ob vielleicht Bio-Anbau und Bio-Produkte die Zukunft ihrer Betriebe sein könnte, organisiert auf staatliche Kosten mit einer dieser bekanntesten Lowest-Level Besetzung durch einen Praktikanten und einen Pensionär. Aber Hauptsache die dahinterstehenden, renommierten Organisationen aus dem Bio- und Landwirtschaftsbereich greifen so die staatlichen Gelder für gut gemeinte Zwecke ab. Das Beste an solchen Seminaren sind die Teilnehmer, denn die haben ein echtes Interesse. Ob das nun eine Idee für 500 ha Acker ist, für 2.000 ha, oder für die bisherige Fleischverarbeitung, nun mit vegetarischer Ergänzung. Die Nachfragenden sind eher gestandene und erfahrene Unternehmer und Landwirte, lauter Menschen, die in dieser Art authentisch und glaubhaft wirken. Zuhörer, die kritisch sind und mitdenken, wenn sie gefordert werden. „Schon das gibt in sich Stoff für einen Artikel. Landwirte sind heute deutlich anders, als man sie sich vielleicht vorstellen könnte: Kompetent, nüchtern und im Grunde viel näher an den wichtigen Fragen als die sogenannten Berater von Verbänden oder Institutionen.“

Nottelbergstrasse, Fürth

Mareike hat für die Messe noch einen Geheimtipp zum Wohnen aufgetan, ein Zimmer für Olga und Hendrik und eines für sich und Jan – zwar eine halbe Stunde zur Messe mit der U-Bahn, dafür aber ein fairer Preis und sehr nette Vermieter. Der Vermieter Peter ist leidenschaftlicher Hobbykoch und hat mit der ersten Besucherin Olga damit endlich ein Opfer für einen Erfahrungsaustausch über die heimischen Rezepte. „Die meisten kennen Mangold hier unten gar nicht. Und viele mögen Kohl nur noch als Krautsalat.“

Winterliche Ideen

Mangold in Orangensud

Ein tolles Wintergemüse, was man nutzen sollte, solange es gerade verfügbar ist. Kleinere fleischige Mangoldexemplare sind besonders lecker. Die Stiele möglichst gesondert von den Blättern dünsten, weil sie etwas länger dafür brauchen. Wenn gedünstet, dann gründlich abtropfen einen Sud aus gepresster Orange, abgeriebener Schale, Muskat, Salz und Kräutersalz gemischt mit Hafercreme vorbereiten. Mangold in eine feuerfeste Form schichten, mit dem Sud knapp bedecken und im Backofen noch etwa 20 Minuten bei 180 Grad Umluft garen. Die nicht-vegane Fraktion darf noch etwas Parmesan darüber reiben. Gut geeignet ist auch ein Topping aus in Öl angerösteten Croutons. Mit frischem Baguette servieren.

Kartoffelstampf auf Spitzkohlsalat

Für den Kartoffelstampf: Große festkochende Kartoffeln, eine dicke Karotte, eine Pastinake und eine Birne. Alle Zutaten garen, mit Salz und Muskat abschmecken, mit dem Kartoffelstampfer grob durchstampfen, auf Wunsch für die Konsistenz einen Schuss Hafercreme hinzugeben.

Spitzkohl in Ringe schneiden, mit etwas Salz gut durchkneten und dann einige Zeit in einer Teigschüssel durchziehen lassen. In einer Pfanne mit möglichst großem flachem Boden Öl erhitzen und den Salat für gut drei Minuten nit etwas Zucker in die Pfanne geben. Die Salatmasse mit einem Saier aus der Pfanne nehmen und auf einem großen Teller anrichten, den Kartoffelstampf darauf mit einem Ring anrichten,

Das Dressing zum Schluss: Fein gehackte Zwiebeln in Öl anrösten, einen guten Teelöffel Zucker und einen Schuss Balsamico hinzugeben und dann mit einem Esslöffel über Salat und Stampf verteilen und zum guten Schluss noch mit etwas Kürbiskernöl einen dekorativen Kringel darüber setzen.

Weißkohl-Nudelmix

Die Kunst besteht hier darin, gleiche Schritte fast parallel ins Werk zu setzen: Italienische Bandnudeln in etwas kleiner gebrochener Form etwa 3 Minuten vor dem eigentlichen Garpunkt aus dem Wasser nehmen. Weißkohl in ca. 2 Zentimeter große Quadrate schneiden und ebenfalls nur blanchieren. Alles zusammen in einem Wok mit etwas Restsud vermengen und weiter erhitzen. Parallel Champignons, gestiftelte Schalotten, eine gestiftelte Knoblauchzehe und Pinienkerne in der Pfanne mit Öl anrösten, in den Wok geben, mit Kräutersalz und frisch gemahlenem schwarzen Pfeffer abschmecken und gerne noch etwas gehackte frische Petersilie zum Anrichten dazugeben.

Rote Beete Salat

Pro Person jeweils zwei größere Exemplare Rote Beete kochen, bis sie in der Schnittprobe noch knackig sind. Nach dem Kochen die Rote Beete schälen, in maximal 5 Millimeter starke Scheiben schneiden und in einer Mischung aus frisch gepresster Orange, Balsamico-Creme und Gewürzen einlegen, am liebsten einen guten halben Tag vor dem Verzehr, weil der Sud dann seinen vollen Geschmack entfaltet. Als beste Würze hilft eine einfache Mischung aus frisch klein gehacktem Koriander und Kräutersalz. Das wird dann nur noch durch eine ebenfalls sehr fein geschnittene Zwiebel vervollständigt.

Zum Anrichten bekommt die Salatmischung noch etwas Raps- und Hanföl (pro Person bei beidem jeweils ein

Teelöffel) und zur Verfeinerung noch eine Mischung aus angerösteten geschälten Hanfnüssen und klein gehackten Walnussstücken dazu. Wer den fruchtigen Akzent für den Winter noch etwas verstärken möchte, kann zum Anrichten noch fein geschnittene Mangostreifen unterheben. Anrichten lässt sich der Salat dann auf ein paar frischen Spinatblättern.

Noch etwas schwarzen Pfeffer frisch darüber mahlen und ferig,

Mareike und Jan hatten bis jetzt noch keine Gelegenheit über die seltsame Zeit der letzten Wochen wirklich zu reden. Und auch Mareike hatte noch vor der Messe einen Termin in München, weil sie dort hoffte, einen chinesischen Bio-Lieferanten für Erbsenprotein zu treffen. Die letzte Zeit war hektisch genug gewesen. Allgemeine Neuigkeiten überflog Mareike wie gewöhnlich auf ihrem Handy. „Musste man das jetzt ernst nehmen, diesen geheimnisvollen Virus in China, an dem inzwischen schon etliche Tausend gestorben waren. Seit Tagen ritten die Medien darauf herum. Und inzwischen hatten chinesische Geschäftskontakte den Virus auch schon nach Europa gebracht." Egal ob Medienmache oder wirklich ein Thema – so langsam kamen selbst Mareike Fragen.

Bayerstrasse, München
Han stand unverkennbar in der Lobby, korrekt mit

Mundschutz und Anzug. Indem er sich leicht verbeugte, bedeutete er Mareike, Abstand zu halten. In seinem nur schwer verständlichen englisch versuchte er deutlich zu machen, dass die Lage in seiner Heimat inzwischen mehr als kompliziert sei. Selbst wenn man nicht aus den stark von dem Virus heimgesuchten Regionen kam, waren Reisen ins Ausland noch viel komplizierter als sonst. Jetzt empfand auch Mareike eine ihr sonst fremde Panik. „War dieses Treffen Leichtsinn?" Sie hatte in der Presse von anderen Messen gelesen. Da waren Stände und Besucher ferngeblieben. Passiert war bis jetzt offenbar dabei nichts. Aber so real wird es dann plötzlich doch komisch. Han spürt das und lächelt: „Nein wir sind nicht alle verseucht. Aber wir wollen ja über etwas anderes reden." Und dann erklärt Han, dass das Erbsenproteinisolat eigentlich aus einem Abfallprodukt entstand. Ursprünglich wollte man nämlich die Stärke aus der Erbse für die Produktion von Glasnudeln isolieren und da war der Weg zu einem reineren Protein nicht mehr sehr weit. „Zugegeben, wir sind eigentlich mehr die Soja-Spezialisten, aber eben nicht nur." Klang ja alles ganz gut. Aber in diesen Tagen will das niemand vor Ort verifizieren. Also beließen sie es dabei und verabschiedeten sich mit einem freundlichen „see you on the fair."

Messezentrum, Nürnberg

In dem ganzen Trubel der Messe kam Mareikes Erklärung für Schweigen und Abwesenheit nahezu verständlich an. Sie hatte bei ihren Versuchen mit chinesischen Lieferanten gearbeitet und war sich nicht sicher gewesen, ob sie damit vielleicht Jan oder die Freunde gefährdet. „Blödsinn" riefen die einhellig und nahmen sie erst einmal in die Arme und ja, Jan fühlte sich auch ziemlich erleichtert. „Das hättest du wirklich auch schon etwas früher erzählen können..." Gute Geschichte - und dabei beließen sie es.

Die Messe bietet in sich viel zu viele Kontakte: Man trifft alle bekannten Biohersteller, viele Einkäufer aus Handelsketten und einfach auch sonst Bio-Anbauer, Anbieter von Bio-Rohwaren, Importeure, Vertreter großer Landwirtschaftsbetriebe und und und. Die Einkäufer der großen Handelsketten erkennt man bis heute daran, dass sie meist im Anzug erscheinen und kein sichtbares Namensschild tragen. Jamand wie Hendrik amüsiert das. „Als ob wir das nötig hätten." Traditionell verkünden die Marktforscher in den ersten Tagen der Messe, was die Auswertung des Biokonsums aus dem Vorjahr macht: Für Deutschland ermutigende Zahlen von über 10 %, die Franzosen behaupten, sie könnten den deutschen Markt in Sachen Volumen bald einholen. Die Wachstumstreiber für den Verkauf von Bio-Produkten sind längst die großen Handelsketten.

Ein-herz-fuer-bio.org

Biofach 2020: da steckt viel drin – der Inkubator, den die Branche immer wieder braucht

Man konnte sicher über die Messe gehen und feststellen „So richtig viele grundstürzend neue Produkte gab es

nicht." Ja „und ein so ganz klarer und sichtbarer Trend war auch nicht zu sehen..." Stimmt alles. Weil das vermutlich auch nicht mehr der Sinn dieses Treffens sein muss. Die Biofach, das ist ein Treffen der kurzen Wege zwischen höchst lebendigen Potentialen, die die Möglichkeit haben aus dem Mehr-als-Nische-Bio eine gesunde Zukunft für alle zu machen. Heute verträgt es die Messe gut, wenn Politiker nur halblebige Aussagen zu Bio machen, weil der Trend auch ohne sie diese Richtung geht.

Die Trennlinien laufen heute zwischen denen, die sehen, wo die Dynamik und die Zukunft sich entwickelt, und denjenigen, die immer noch nicht wahrhaben wollen, dass die jungen Treiber der Bioentwicklung längst ihre Wahl treffen, was sie essen möchten, wie sie essen möchten und auch ihre Angebote finden.

Unverkennbar sind die Megatrends:

Mehr pflanzliche Ernährung, mehr gute Proteine dafür

Mehr Nahrung, die gesund erhält, weniger Schadstoffe und unnötige Zusätze

Bitte dringend Lösungen, die helfen, Verpackungen zu recyceln

Und dann doch auch: Lösungen für den schnellen und einfachen Konsum, der gesund ist

Mit diesen Trends macht Bio in Deutschland 12 Milliarden Umsatz, in Frankreich demnächst bald 11 Milliarden und in USA noch wesentlich mehr als in Europa zusammen. Und die Zukunft geht nur, wenn es endlich gelingt, auch die bessere Ernährung vom Landwirt, über gesunde Böden und gutes Trinkwasser, viele unterschiedliche Produzenten und dann noch den gesamten Handel als ein gutes Ganzes zu entwickeln. Was die Branche so stark macht ist, dass sie alle umfasst: Von den in ihrer Fähigkeit und Intelligenz niemals zu unterschätzenden Landwirten bis zu den Verbrauchern, die längst wissen, was sie wollen.

Ja, und die Biofach ist der Ort, wo Vertreter aus allen diesen Bereichen ihre gute gemeinsame Energie entwickeln können, wo man sich trifft, wo das Gespräch zu neuen und interessanten Einsichten, Ansätzen und Lösungen führt und diese Entwicklungen dadurch nach vorn bringt.

Königstrasse, Nürnberg

Wenigstens auch noch einmal die City gucken, wenn es längst dunkel in der Stadt ist und die bekannten Wahrzeichen der Stadt hell erleuchtet sind. Das ist die Zeit der Empfänge, der Treffen mit Stammkunden und der ausgebuchten Restaurants. Hendrik, Olga, Jan und Mareike konnten sich noch mir Mühe an das Eck eines großen Tisches quetschen. Auch in der Nürnberger Innenstadt ist die vegane Welle angekommen. Da, wo vor 30 Jahren noch traditionelles Kraut mit Nürnberger Würstchen auf Zinntellern serviert wurde, sind Zusatzangebote mit Bowls und Salaten eingezogen und zum Frühstück sind vegane Milchalternativen ebenfalls auf dem Vormarsch. Dazu hatte Hendrik noch eine Beobachtung beizutragen. Er war neulich – wie öfters – zum Store-Check über die Grenze nach Lübeck gefahren. Dort war alle Hafermilch wie ausgebombt und ausverkauft. Selbst die wesentlich teurere Oatly-Hafermilch zeigte leere Regalschächte. „Da suchen Kunden, die genau wissen, was sie mögen. Ja schade, dass man die so im Stich lässt. Aber davon profitiert dann Lidl. Wer den Kunden nicht gibt, was sie brauchen, der macht sie eben untreu." Vor Jahren wäre Hafermilch ein Lacher gewesen. Damals mußte man sich noch richtig anstrengen, um überhaupt ein Päckchen der leckeren skandinavischen Exoten zu verkaufen.

„Und… wie fandet ihr so die Stimmung auf der Messe?" fragte Jan. „Schwer zu sagen", gab Olga zurück, „also wie Winner fühlte sich das alles nicht an. Ja, die Youngster kämpfen für ihre – teils selbst für mich – exotischen Produkte und Ideen. Aber ein Spiegel von zehn Prozent Plus und von Aufbruch könnte anders aussehen… Oder?"

Mareike hatte während der Messe jede freie Gelegenheit genutzt, um möglichst viele der aktuellen News vom nordamerikanischen Kontinent mitzubekommen: Es ist beeindruckend, mit welcher Entschiedenheit dort die großen Player an der Zukunft der pflanzlichen Ernährungsproduktion arbeiten. Längst haben dort die Großen der Branche mehr als nur Pläne in Stellung gebracht. Noch vielleicht ein Jahr und dann wird es dort Kapazitäten geben, um mehr als Nischen zu versorgen. Und ja, in Good Old Europe wachsen zwar auch langsam die Player zusammen, aber schlagkräftig sieht anders aus. Bis die Töchter in Italien, Spanien und Deutschland auch nur einmal die ersten Skype-Konferenzen erfolgreich geplant haben, sind in anderen Teilen des Weltmarkts schon Fakten geschaffen, die ihrerseits eben Fakten setzen werden. Wenn Konzerne erst einmal die Tools haben, zehn und mehr Prozent auf Knopfdruck zu produzieren, dann werden sie eben auch dafür sorgen, dass die Tools das realisieren, wofür sie gemacht sind.

Das ist ja das Schöne bei Lebensmitteln: da ihre Ursprünge immer in der Ernte aus der Natur liegen, geht es gar nicht anders. Alles muss mit dem Anbau- und Ernterhythmus vorgeplant werden. Sonst haben auch die besten und ausgeklügeltesten Produktionsstrecken nichts, was sie produzieren und verarbeiten könnten.

„Ja und diese Realität wird dann ein knappes Jahr später bei uns ankommen und all die, die sich eben vorher nicht darum kümmern wollten und die Zeichen der Zeit nicht sehen wollen, werden sich wieder wundern, wie dann die Nachfrage in Europa kippt und erneut die Trendsetter ihren Trend machen werden." Mit solchen Gedanken gewinnt Mareike langsam den Abstand zu ihrer jetzt ewig lange scheinenden Entwicklungsphase, in der sie immer nur krampfhaft versuchen musste, diese kleinen mitteleuropäischen Ressourcen halbwegs zueinander zu führen.

Auch wenn es schwerfällt, Mareike nimmt die Angst um den Schutz ihrer Entwicklungen und Ideen inzwischen gelassen und so kann sie dann auch wieder ohne irgendeinen Argwohn ihren Jan in den Arm schließen. Ihre früheren Bedenken sollte sie ihm auch wohl besser nicht so drastisch erzählen, wie sie selbst es erlebt hat.

Messezentrum Nürnberg

Die Freunde haben sich zu einem öffentlichen Vegan-Tasting verabredet, bei dem man – so das Versprechen – verschiedene Fleischersatzprodukte und vegetarische Drinks probieren soll. Und so wie es aussieht, geben auch einige der Teilnehmer schon gleich laut und vernehmbar ihre Urteile ab. „Oh, das kenn ich, meint Hendrik: da schmeckt jeder, was er gerne sehen will. Will sagen, jeder – ob nun Hersteller oder Einkäufer – tritt hier in erster Linie zur Verteidigung des Geschmacks an, für den er sich bereits vorher entschieden hat. Offenheit und Neugier leider sehr oft „Fehlanzeige". Das finde ich schade. Und dazu dann diese nette Geschichte, dass ein Einkaufsteam die identische Ware – also alles aus der absolut gleichen Produktion - von drei Anbietern vorgestellt bekam und tatsächlich hinterher Unterschiede und krasse Differenzen in Geschmack und Qualität feststellte. Und am schlechtesten schnitt die Ware direkt vom Hersteller ab…." „Dabei gibt es ja wirklich einiges an Geschmacksunterschieden."

Gerade die Bioentwicklung kann sich weniger als andere Trends von Emotionen lossagen. Da ist das ewige Thema Verpackung. Unverpackt hört sich zwar gut an, aber was ist mit Hygiene und Sicherheit. Bei vielen Diskussionen über Verpackung tobt die reine Emotion. Da wird gerade Hendrik oft gefragt, weil Kopenhagen inzwischen in Sachen Klima, Umwelt und Recycling als Vorbild gilt. „Recycling hängt zentral von den Sammelsystemen ab. Nur all das, was gut vorsortiert zu sammeln ist, kann man auch wirtschaftlich vertretbar wiederverwenden. Also Kunststoffe, die wieder für hochwertige Zwecke neu einsetzbar sind wie aber auch Papier, das angesichts der immer heftigeren Stürme und Natur in Europa aus Sturmschäden reichlich frisch produzierbar ist…"

Ein-herz-fuer-bio.org

2019 war in Deutschland und Europa ein Boomjahr für Bio-Produkte. Und wir sehen auch ein wenig klarer, mit welchen Produkten und Bereichen Bio wächst.

Was den deutschen Bioumsatz angeht, so legten alle Produktgruppen 2019 deutlich zu: Nach dem Dürrejahr 2018 ernteten und verkauften die deutschen und europäischen Bio-Bauern 2019 wieder deutlich mehr Obst und Gemüse, was die Umsätze mit Bio-Äpfeln, - Möhren und Co. ankurbelte. So konnte auch der LEH seine Obst- und Gemüsesortimente vergrößern. Die Bio-Kartoffelernte ist 2018 weniger abgestürzt als die konventionelle, so dass der Preisunterschied zwischen Bio und konventioneller Ware zusammenschrumpfte und den Verkauf der Bio-Kartoffeln ankurbelte. Der Gesamtzuwachs kam in starkem Maße erneut durch den konventionellen Lebensmitteleinzelhandel zustande, der mit seinem Umsatz wieder deutlich stärker wuchs als der Fachhandel.

Bio-Milch- und -Molkereiprodukte, von denen schon 2018 deutlich mehr in den Kühltheken landeten, kauften die Kunden 2019 noch häufiger. Bio-Käse und - Trinkmilch, die wichtigsten Umsatzbringer am Bio-Molkereiproduktemarkt, legten um je 15 % zu. Insgesamt erreichten die Bio-Händler mit der ‚Weißen Linie' ein Umsatzplus von 11 %. Gleichzeitig griffen die Kunden auch verstärkt zu Milch- und Fleischalternativen in Öko-Qualität. So stiegen die Umsätze mit Bio-Fleischersatzprodukten um 19 %, der konventionelle Fleischersatz stieg insbesondere mit der Einführung es Burgers aus Erbsenprotein um 27 %. Bei den Bio-Milchalternativen sind die Umsätze sogar 33 % gestiegen, die Verkaufsmengen sogar um 39 %.

Den höchsten Umsatzanteil am gesamten Lebensmittelmarkt erreichten Bio-Konsummilch und Mehl mit je 26 % und Bio-Eier mit 23 %. Einzelne Obst- und Gemüsearten kommen ebenfalls auf hohe Bio-Anteile am Gesamtumsatz: Zitronen mit 33 %, Möhren mit 31 %, Zucchini mit 29 % oder Bananen mit 23 %.

Bei aller Freude über den Fortschritt in Deutschland, bleibt sehr wohl anzumerken, dass in Europa Dänen und Schweizer pro Kopf deutlich mehr für Bioprodukte ausgeben als die Deutschen und dass das Flächenland Frankreich mit seinem immer mehr auf eine einheimische und regionale Rohstoffbasis ausgerichteten Biomarkt sich anschickt, die deutschen Zahlen ebenfalls mit einer erkennbar höheren Ausgabebereitschaft für hochwertige Bioprodukte in absehbarer Zeit einzuholen. Zumal die hier gelieferten Zahlen sich ja erst noch auf 2018 beziehen.

Nevinghoff, Münster

Das sind Gespräche, die hätte sich Kay noch vor fünf Jahren kaum vorstellen können: Verhandlungen mit größeren Landwirten über Ernteplanung und den benötigten Rohwarenanbau und das alles mit einem faustdicken Risiko im Nacken. Denn wer weiß schon, wie Absatz und Verkauf von Hafermilch und Co. am Ende wirklich sein wird? Und doch, wenn man als Hersteller in der aktuellen Situation bestehen will, muss man direkt Flagge zeigen.

Nur, wer sich wirklich mit Wegen und Herkunft der eigenen Zutaten in der Verarbeitung auskennt, kann böse Überraschungen minimieren – ausschließen kann man sie sowieso nicht. Ein wichtiger Faktor bei allem ist das ehrliche Gespräch darüber, das die Ernte schlechter ausfiel als gedacht, die Qualität durch Witterung oder Naturereignisse leiden könnte, dass bislang nicht gekannte Verunreinigungen auftraten usw. usw. Sich darüber auszutauschen braucht Vertrauen von beiden Seiten.

Aber das ist noch nicht alles: Plötzlich darf sich Kay auch noch mit der Beschaffung ganz anderer Zutaten herumschlagen. So gibt es etwa bei Mandeln zwischendurch Preissprünge und Veränderungen, dass man nur so staunt - die Entwicklung ausnahmslos nach oben. Das nimmt man solange hin, bis man es schließlich selbst wissen will. Das heißt, man versucht die Ware selbst und direkt aus dem Ursprung zu bekommen. Nicht unbedingt das Allheilmittel. Denn natürlich wäre es nicht verkehrt, man könnte auf die Erfahrung guter Importeure zurückgreifen. Import aus dem Ursprung, Import durch Bündler oder Agenten – immer wieder bleibt die Frage, welchen Informationen man wirklich vertrauen kann. Wenn Qualität immer so ein offenes Buch wäre, alles wäre viel einfacher.

Alter Postweg, Bremen

Mareike und Jan haben sich bequatschen lassen, Florian zu besuchen, der seit Monaten nur noch ein Thema kennt: Seine neue Bio-Grillenzucht. Ein gelernter Agraringenieur, der keine Schafe oder Schweine züchtet, sondern Grillen. Seine Farm ist derzeit erst einmal ein kleines gezimmertes Räumchen in einem Bunker, wo er seine Lieblinge in Eierkartons mit leckeren Backwaren aufpäppelt. „Alles artgerecht und ökologisch", betont er. Sein Trumpf: die Insekten haben doppelt soviel Protein als ein Steak, verbrauchen viel weniger CO_2 und Futter und könnten dereinst mal zur Ernährung einer ständig wachsenden Menschheit beitragen, ohne die Umwelt derart zu belasten. „Könnten"! Zurzeit sammelt er erst einmal Geld für eine Versuchsanlage. Mit der würde man wahrscheinlich erst einmal die Grundlagen-entwicklungen etwas realistischer durchführen könnten. Wieweit lässt sich die künftige Grillenfarm rationalisieren? Wo liegen in einem immer noch dem Test nahen Betrieb die Herstellkosten für das neue Protein? Über den Weg macht sich Florian keine Illusionen: „Wir brauchen lecker verarbeitete und gewürzte Formen von Grillenfleisch. Ich weiß heute schon, was ich durch meine Fütterung zum Geschmack beitragen kann. Wenn ich das Protein wirklich erfolgreich anbieten soll, dann muss es schon in einer verarbeiteten Form den Beweis erbringen, dass das geht. Ja genau deshalb wollte ich den Kontakt zu euch." In dem Bereich kennen sich Mareike und Jan schon hinreichend aus und das könnten sie dann diesmal ja auch gemeinsam versuchen. Das wird keine leichte Sache, auch wenn Florian eher realistische Ideen dazu hat. „Aus Grillen braucht man wohl weniger süße Riegel herstellen. Das passt nicht so wirklich. Besser vielleicht eine herzhafte Sauce." Aber bis dann wirkliche Verbraucher und Kunden das probieren und dauerhaft bereit sind, solche Zutaten in die Küche einzubauen, wird noch einige Überzeugungsarbeit nötig sein.

![Vitaquell — Vegetarisch seit 1922]

100 % pflanzlich, fein mit Äpfeln und Zwiebeln

Wie zu Großmutters Zeiten – Made in Hamburg

Vitaquell Bio Veggie-Schmalz

- 100 % vegan
- Aus hochwertigen Pflanzen-Fetten hergestellt
- Fein abgeschmeckt mit Äpfeln und Zwiebeln
- Als Klassiker aufs Brot, aber auch zum Dünsten, Kochen und Kurzbraten bestens geeignet

Das Produkt-Plus:

- Rein pflanzlich
- Glutenfrei
- Laktosefrei
- Hefefrei
- Weizenfrei
- Milcheiweißfrei

Folgen Sie uns auf:

Fauser Vitaquell   **Pinneberger Chaussee 60   22523 Hamburg**
www.vitaquell.de   www.vitaquell-shop.de

Heerlen

Carolines neuer Blog: So einfach geht es – so gut kann es schmecken: Anders essen

Liebe Freundinnen,

über die Gründe für eine Veränderung unserer Ernährung brauche ich – glaube ich – nicht mehr zu reden. Wir alle kennen sie. Aber wie kann es gelingen? Wie können wir das umsetzen, was sich viele von uns vorstellen?

Da kann sich jeder für den Weg entscheiden, der ihm am meisten liegt. Die einen wollen ihre Ernährung nach Kohlehydraten, Proteinen, Antioxidantien, Vitaminen und Vitalstoffen einmessen. Andere suchen eigentlich nur täglich nach einer neuen Idee, nach gutem Geschmack und dem passenden Rezept. Beides reicht und am Ende setzt sich sowieso nur das durch, was dem Geschmack entspricht.

In diesem Sinne

Über aktuelle 40 Rezepte

Rezepte und Anregungen dazu, wie neue Rezepte entstehen und wie sich der Geschmack verändert

Zur schnellen Orientierung nach Seiten in diesem Buch

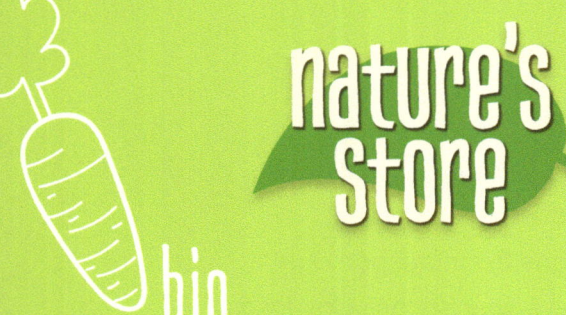

bio
vegan moments

Unsere leckeren veganen Tellergerichte bieten eine geschmackvolle Reise durch die Welt. Einfach im Wasserbad erwärmen und mit Pasta, Reis oder anderen Beilagen kombinieren. Erlebe deinen **VEGAN MOMENT**!

In 4 leckeren Sorten

Italian, Mediterranean
Oriental, Mexican

Ihre Ansprechpartner:
Volker Henke,
+49 152 05289734
volker.henke@moguntia.com

Wolfgang Luithlen,
+49 172 65 16 308
wolfgang.luithlen@moguntia.co

Vitaquell

VEGETARISCH SEIT 1922

Vitaquell

ANDY'S BURGER

Vegane Burger-Patties
auf Basis von
Erbsenprotein und Hafer

Ballaststoffquelle
& reich an Eiweiß!

℮160 g
(2 x 80 g)

NEU!
Reich an
Protein
Ballaststoff-
quelle

Wer auf Fleisch verzichten will, muss bei Andy's Burger keine Kompromisse eingehen!

> Auf Basis von Erbsenprotein und Hafer.
> 100 % pflanzlich & lecker gewürzt.
> Saftig im Geschmack & perfekt im Biss.

Die Patties sind schnell und einfach zubereitet und eignen sich zum Braten und Grillen – die perfekte Fleischalternative für kreative Burger-Kreationen.

Folgen Sie uns auf:

Fauser Vitaquell   Pinneberger Chaussee 60   22523 Hamburg
www.vitaquell.de   www.vitaquell-shop.de

Organic Plant Protein

Wir produzieren und verkaufen Produkte aus
Bio Erbsen- und Bio Ackerbohnenprotein für Vegetarische
und vegan Gerichte. Unsere Produkte sind ohne chemische
Zutaten hergestellt, enthalten keine Allergene, keine GMO,
kein Soja und sind gluten-frei. Die Produkte haben
53% Proteingehalt und sind besonders als Ersatz für Fleisch
und Fisch geeignet.

Für alle, die noch weiterlesen möchten

Jans Traum

Kein so ganz leicht verdaulicher Traum und man weiss ja, dass der Traum auch immer reale Reste vom Tag bearbeitet. Jan hatte nach der letzten Biomesse immer mal wieder afrikanische Rezepte studiert und sich gefragt, was man tun könnte, um diese im Kern sehr gesunde Ernährung mit Hülsenfrüchten, viel Gemüse und etwas Geflügelfleisch auch im Rest der Welt weiter zu verbreiten. O.k. die frühen weißen Kolonialisten hatten seinerzeit auch die typische Grill- und Steakkultur auf den afrikanischen Kontinent mitgebracht, aber dieses Erbe ist nun – weltweit betrachtet – eher kritisch.

Und jetzt schlug sich Jan im Schlaf mit allen farbigen Delegationen herum, die ihn nach Rinderzucht in Afrika fragten. „Bitte, bitte, macht doch nicht den gleichen Unsinn wie bei uns..." „Wieso? Haben wir jetzt nicht das Recht so stark zu werden wie ihr und so gut zu essen. Ihr habt uns Kakao und Kaffee für euch geraubt und jetzt wollt ihr uns auch alles vorenthalten, was Männer stark, schön und gesund macht. Wir wollen auch so leben wie ihr. Wir haben das Recht dazu..."

Der Albtraum brachte Jan auf einen verzweifelten Posten. Er weiß ganz genau, dass er kein Recht hat, die Wünsche nach Gleichheit und Gleichberechtigung zurückzuweisen. Und er ist sich mehr als andere bewusst, dass es nicht ausreichend gelungen ist, einen wirtschaftlich fairen Austausch in Gang zu bringen, der diesem Kontinent mehr Anteil an Wohlstand bringt. „Es reicht, eure Konzerne haben dafür gesorgt, dass bei uns kein Milchvieh mehr gehalten wird, um ihre eigenen Produkte zu verkaufen. Selbst in den Armenvierteln verkaufen die Drückerkolonnen der Konzerne Kleinpackungen mit minderwertiger Nahrung. Sollen wir für immer Menschen zweiter Klasse sein?" „Ihr habt uns so viel genommen, einst die Menschen, die eure Entdecker damals nach Amerika verschleppt und verkauft haben, dann die Rohstoffe, die eurer gutes Leben und den Genuss finanziert haben und nun wollt ihr uns auch noch die Würde, den Lebenswillen und unsere Rechte absprechen. Eure Vertreter wollen in Luxuslodges im Urlaub bei uns schwelgen, das wertvollste Wild verspeisen, vielleicht sogar noch jagen und wir sollen von Hirsebrei und euren Abfällen leben. So läuft das nicht…" Was will man gegen einen Traum machen, der einen berechtigt in die Enge treibt. Jan weiß genau, dass sie 100 % Recht haben, aber er sieht auch, dass ihre Wünsche deshalb trotzdem nicht richtig sind. Aber es gehört eben auch zu einem Traum, dass er keine Antworten oder Lösungen anbietet. Und das, an das man von einem Traum in der Phase danach noch erinnert, hinterlässt sowieso mehr offene Fragen als Antworten. Für Jan kam es wie Stunden vor, die er von diesem Widerspruch gequält wurde und er im Traum vergeblich versuchte, sich daraus zu entwinden.

„Wir hätten das viel früher sehen müssen. So ein Zustand kann niemals auf Dauer so bleiben. Und es wäre gut gewesen, früher zu reden, anders zu reden und natürlich auch zu handeln." Jan versuchte noch im Halbschlaf zu orten, ob die nächtlichen Gesprächs-geister noch zu finden seien. Niemand war da. Es war ein Traum, der ihn mit all den Konsequenzen alleine ließ. Eben so ein Traum, bei dem jeder selbst entscheiden muss, was er einem sagen wollte.

Wie Mareike vom völligen Kontrollverlust träumt

Was Mareike bis zur Biomesse entwickelt hatte, war von dem absoluten Ineinandergreifen einzelner Ideen, Schritte, Partner und Rädchen in der Beschaffung und Herstellung geprägt. Jedes Mal, wenn ein Part nicht so funktionierte, wie sie gehofft hatte, wurde mit Präzision nachgesteuert und nach einer noch besseren Lösung gesucht.

Und nun fand sich Mareike alleine in einem großen Büro. Kein Telefon funktionierte, aber Gott sei Dank noch Internet. Eigentlich wollte sie ja gerade einen Flug in die Volksrepublik China buchen, um endlich einen direkten Kontrakt mit den Herstellern von Erbsenprotein zu versuchen. Es gab keine Flüge, weder von Frankfurt, noch von Amsterdam oder Zürich. „Komisch, vielleicht spinnt die Plattform." Also versucht sie die nächste. Bei der übernächsten kommt sie sogar hinein und findet einen passenden Flug. Jetzt nur noch die Kreditkarte eingeben und Klick. Shit, warum tut das jetzt wieder nicht. „Sie sind nicht berechtigt, diesen Flug zu buchen," poppt jetzt auf. Was das nun heißen soll? Sie klickt auf „weitere Informationen" und erfährt, dass die Grenzen für deutsche Passagiere zu den meisten Destinationen geschlossen seien. „Bis auf weiteres keine Ausreise möglich." Der Traum kennt kein Telefon und Mareike weiß auch nicht, wieviel Uhr es sein könnte. In diesem Fall liegt es eher nicht an ihrer Kreditkarte. „Was könnte der Grund sein?" Eigentlich fiel Mareike nur ein politischer Grund als Ursache ein. Sie versuchte verzweifelt, alle möglichen Ansprechpartner per eMail zu kontaktieren. Keine Antwort. Der Blick auf ihre Netzpläne für die aktuellen Projekte zeigte ihr, dass sie ohne Auslandskontakte und komplexe Beschaffung in keinem der Projekte je weiterkommen würde. Also erst recht Ursachenforschung. „War vielleicht zufällig der 1. April oder ein Faschingstermin? Dies auch nicht. Ein Krieg war nicht ausgebrochen und wenn man auf das Internet schaute, war auch Europa nicht über eine Zeitmaschine in das vorvorige Jahrhundert zurückgefallen.

In ihrer Not suchte Mareike nach einer Hotline, die 24 Stunden präsent sein könnte. Sie fragte mal so ins Blaue nach einer Lieferung nach Kopenhagen. „Kann ich die Bestellung auch gleich zu meinem Freund Hendrik ausliefern lassen?" Bis auf weiteres nicht. Die Seuche. Alles dicht. Seit Tagen." Mareike lief es kalt den Rücken herunter. „Eine Seuche? Konnte das sein?" „Ab wann könnte es denn wieder möglich sein?"; schob sie vorsichtig nach und bekam daraufhin die typische Call-Center-Antwort. „Wir wissen es nicht. Genaueres können Ihnen leider dazu nicht sagen." Verzweifelt versuchte Mareike sich vorzustellen, was da passiert sein könnte. So flächendeckende und grundlegende Verseuchungen? Sie gab das Stichwort „Seuche" in ihre Suchmaske ein. Nichts weiter außer der üblichen Sach- und Worterklärung.

Sicherheitshalber versuchte sie es noch mit „Pandemie" und da poppte eine ganze Latte von News auf. „Aktuelle Maßnahmen: Schließung aller Grenzen. Verbot unnötiger Reisen, Ausgangssperre. Schließung aller Geschäfte mit Ausnahme von Lebensmittelläden und Apotheken. Mindest-Abstand von Mensch zu Mensch 1,50 Meter. Absage aller Veranstaltungen, Schließung aller Museen und kultureller Einrichtungen, Sperrung aller Clubs, Verbot aller Versammlungen von mehr als 5 Menschen, Schließung von Schulen und Kindergärten. Einschränkung des gesamten Nah- und Fernverkehrs.

Fieberhaft arbeitet das vom Traum gefangene Hirn. Eine neue Erfahrung: Zurückschalten lernen

Was wäre, wenn man jetzt wirklich auf die eigenen vier Wände beschränkt wäre? Ein zielloser Weg mal eben in die Kneipe, um nicht mit sich selbst allein zu sein. Kein Weg zu unspezifischem Einkauf, Suchen nach Klamotten und irgendwelchen Verschönerungen, keinen Ausflug einfach so, kein Seminar, keine Versammlung, kein Unterhaltungsprogramm wie Konzert und Theater, keine Treffen, nix in der Außenwelt.

Der erste Gedanke des Machers: Protest, Auflehnung, sich von Fesseln befreien, wenigstens sich selbst. Aber wäre das wirklich ein positiver Ansatz, wäre das toll?

Was wäre, wenn dieser Verzicht einfach mal unterstellt wird. Nicht alles wäre nur Verlust. In manchen Straßen könnten Lärm und Verschmutzung zurückgehen. Manche sonst von Kreuzfahrtschiffen belagerten Gewässer könnten etwas sauberer werden. Und selbst das menschliche Hirn, dieses wunderbare Areal wäre vielleicht in der Lage, sich auf ungewohnte Weise zu aktualisieren. Muss ja kein totaler Neustart sein, aber vielleicht ein Refreshing des Systems. Was ist wirklich wichtig? Ohne welche Menschen würde man nicht sein wollen? Statt der reflexartigen Suche nach Dauerbespaßung vielleicht eigene Produktivität... Auch die Zeit dazu wäre da. Zu überlegen, was wirklich wichtig wäre, was man ausdrücken möchte. Sich selbst ein wenig mehr in die eigene Hand nehmen. Auch mit Ruhe und Bedacht Essen und Trinken. Wenn diese rastlose Suche einfach mal wegfiele, dieser Gedanke, dass da draußen noch etwas sein könnte, was man versäumt hätte...

Aber wo saß Mareike jetzt fest? Sie versuchte sich verzweifelt zu orientieren. Nein, in Amsterdam war sie nicht und Jan war auch nicht da. Panisch wälzte sie sich herum. In ihrer Verzweiflung schlug Mareike mit den Fäusten gegen die Unterlage in ihrem Traum. „Hee, was soll das? Warum haust du mich?" Es war Jan. Hatte sie das alles etwa nur geträumt? Wäre in diesem Falle sehr schön, wenn es nur ein Traum – oder wenigstens ein Albtraum – gewesen wäre und nach jedem Traum auch wieder ein ganz normaler Morgen beginnen könnte.

Eine ungewöhnliche Mail von Benny

Okay, liebe Freunde, mich hat diese Krise inzwischen völlig erreicht. Ich könnte zwar im Studio arbeiten, aber für wen? Viele meiner Kunden haben im Moment mit Gastronomie zu tun und da läuft gar nichts. Oder halt – um gerecht zu sein – nichts, was mich beschäftigen könnte. Aus der größeren Gastrokette ist ein Lieferdienst geworden. Andere haben erst mal den

Betrieb eingestellt. Natürlich guck ich mich sehr genau um, was die Kunden außer irgendwelchen irrationalen Hamsterkäufen so machen: Bald nach dem ersten Run, waren neben Toilettenpapier auch Mehl, Öle, Vegetarische Drinks, natürlich Hefe und viele gesunde Frühstückzutaten ausverkauft. Das macht auch irgendwie Hoffnung. Der Wunsch unter vielen Mails „Bleiben Sie gesund." scheint sich auch in Vernunft beim Einkauf für das tägliche Essen wenigstens noch ein wenig zu halten. Schließlich muss man ja bedenken, dass für manche Menschen das Zubereiten aller täglichen Mahlzeiten eine völlig neue Erfahrung darstellt. Weder mittags zum Mittagstisch im Restaurant um die Ecke, noch abends noch schnell Pasta, Pizza in der Kneipe. Dass alle gerade immerhin selbst ihren Kaffee kochen können und das Bier aufmachen, das klappt gerade noch so. Einkaufen und Essen werden wichtiger, aber ohne Show. Von wegen Erlebniskauf – der besteht schon darin, dass man überall tänzelt um Abstand zu halten, dass man sieht, was gerade nicht da ist.

Und das ist der Kreativität in der Krise funktioniert auch wirklich überall. Lieferservice statt Restaurant geht nicht automatisch und schon gar nicht so, dass es auch wirtschaftlich Sinn macht. Spannend, dass Biomärkte laut über mehr Absatz reden, aber gerade in dieser Branche Instrumente für kundenorientierte Angebote fehlen: Benny könnte sich zum Beispiel bei den Biolandwirten des Hamburger Umland zwar sogenannte Gemüsekisten bestellen, aber nicht etwa gezielt eine persönliche Auswahl. Das wird dann mit netten Begriffen wie Solidarität verkleistert ist aber letztlich nur ein Mangel an Kundenfreundlichkeit. Insofern scheidet auch eine Krise offenbar diejenigen, die wirklich neu denken und handeln von denjenigen, die dazu nicht bereit oder fähig sind.

Und dann gibt es natürlich die Illusionen: dazu gehört, dass einige glauben, dass die Menschen durch Krisen mehr lernen als unbedingt nötig. Das wird man sehen. Und die Antwort auf die berühmte Frage, wieviel Lehren man in der Lage ist, aus einer Krise zu ziehen, hängt von den jeweiligen Voreinstellungen der Menschen ab. Wer keinen Anlass sieht, etwas zu ändern, der ändert auch nichts.

Ausgang und Ende der Corona-Zeit ungewiss: Was man aus der Krise lernen könnte…

Was ich hier aufliste ist vermutlich nicht nur für eure Lebensmittelbranche ansatzweise ein Learning dieser Wochen und Monate

1. Gesundheit ist jenseits eines falsch verstandenen Körperkults ein sehr hohes Gut und ist der zentrale Maßstab gerade besonders für Lebensmittelangebote.

2. Verlässliche und ehrliche Kontakte sind für die Wirtschaft und die Gesellschaft mehr als wichtig.

3. Kurze Wege für sensible Güter sind wichtiger als gedacht. Aber überhaupt helfen kurze Wege auch sonst der Transparenz.

4. Man darf inzwischen ehrlicher über die Relevanz von Produkt- und Serviceangeboten sprechen. Mensch und Umwelt freuen sich über Dinge, die wirklich gebraucht werden: Convenience für gute Ernährung, Abkehr von einer allzu gnadenlosen Wegwerfmentalität, Neubewertung des Freizeitverhaltens

5. Verzicht auf sinnlos zeitfressende Meetings und Geschäftsreisen, Akzeptanz von Videokonferenzen

als gleichwertige Alternative

6. Und daneben scheinbar paradox: Man lernt die Kostbarkeit echter Kontakte und gerade auch die in der Europäischen Gemeinschaft und darüber hinaus neu schätzen

7. Ach ja, der Medienzirkus, Politik und Unterhaltung: Neben Quote, „meistgelesen", beliebteste „Macher" sind Sachlichkeit und verlässliche Relevanz tragend.

Im Moment verstehe ich die Welt nicht: Ich darf nicht mehr von einem Bundesland ins andere reisen, geschweige denn zu einem von Euch über die Grenze. Irrsinn. Als ob Vorsicht oder Verantwortungsbewusstsein eine Frage der Nationalität wären. Alle Jobs mit Kontakt zwischen Menschen sind unterbunden und Politiker können sich gerade noch die Schicksale von Lehrern, Ärzten und Richtern – und ja: vergessen wir nicht Autobauer - ausmalen, für den Rest fehlt die Fantasie. Irgendwie seid ihr alle ja noch gut dran, weil ihr Euch mit dem Essen beschäftigt. Das braucht ja jeder, um während und nach der Krise wieder auf die Beine zu kommen und das möglichst gesund.

Ich wünsche Euch von ganzem Herzen, dass die Menschen danach mehr zu den tollen Produkten greifen für die ihr euch einsetzt. Das wäre eine solche Krise wert und vor allem würden die Menschen davon dann wirklich etwas haben. Schließlich habt ihr mir gezeigt, was gutes Essen ist und wie gut es tut. Also dann: „Auf die Zeit danach!"

Ja und dann sollte tatsächlich in Corona-Zeiten ein echter Durchbruch passieren, der unsere Freunde in Deutschland, den Niederlanden und Dänemark in Erstaunen versetzen sollte. Hendrik hatte per Zufall in Kopenhagen von einer Bekannten davon erfahren: Ein der für Hendrik eher uralten dänischen Biopioniere, der einst eine auf Tierwohl und Nachhaltigkeit basierende Bio-Fleischproduktion aufgebaut hat und in Kopenhagen durch sein Angebot von Bio-Pølser die Biofahne stets sichtbar hochhielt, hat in aller Stille eine eigene Proteinverarbeitung aufgebaut, um die damit ebenso hochwertige pflanzliche Proteine zu produzieren. Hendriks Bekannte arbeitet dort als Produktentwicklerin, auf ihrem Gebiet ein echter Crack. Und so muss wohl auch der Rest der Profis sein, die dort arbeiten, wenige Mitarbeiter, aber eben die, die es wirklich verstehen.

Hendrik ahnt, dass die Freunde so etwas mit eigenen Augen sehen müssen. Geht das überhaupt schon? Ja das klappt. Die Entwicklung aus Erbsen- und Bohnenprotein hat in kürzester Zeit Meilensteine gesetzt: die Rohware stammt aus Skandinavien und aus dem Baltikum. Die Ausformungen sind für verschiedene Anwendungen passend: Eine Hackfleischgrundform, die sich sehr ähnlich wie Fleisch verarbeiten lässt und die sich vor allem sehr toll würzen lässt. Neben dem gewünschten Biss ist die Aufnahme von Geschmack über Gemüse-Auszüge, Saucen, Öl und Gewürze zentral für die weitere Verarbeitung. Mareike, Jan, Hendrik und Olga wären fast schon bereit, die kleine Versuchsküche der Firma zu einem heiligen Ort zu erklären. Allein die Chance, in solchen Zeiten sich endlich zu sehen dann auch derlei neue Möglichkeiten mit den eigenen Augen zu sehen. Die Freunde reiben sich heimlich die Augen. „Hoffentlich war dies nun nicht wieder nur so ein Traum." Mareike ist Feuer und Flamme: „Also ich fang sofort mit diesem Material ganz von vorn an. Das ist ein echter Fortschritt und der wird auch meine Kunden überzeugen." Im Geist übersetzen die Freunde schon das Material, das hier hergestellt wird, in alle möglichen Produktionsbetriebe. „Genial, aus einer Proteinmischung mit 50% Protein lassen sich sehr sehr viele unterschiedliche Formen herstellen, die wirklich etwas Abwechslungsreiches für total unterschiedliche Rezepte bieten." Mareike hat es die Ausformung für Gehacktes angetan. Die lässt sich nicht nur optisch wie perfektes Hack vorbereiten, die legt man auch einfach in eine Curry-Sauce ein oder eine Tomaten-Chili-Sauce und dann hat man nach kurzem Kochen eine tolle Beilagensauce für Pasta oder Reis. Das Material muss einfach nur bei mittlerer Temperatur aufgekocht werden und etwas durchziehen. Reste lassen sich im Kühlschrank bequem halten. Im Unterschied zu Sojaprodukten wird das Material bei hygienischer Verarbeitung auch im Haushalt nicht schnell schlecht.

Und dann gibt es da noch die großen Proteinstücke, die einfach nur ein bis zwei Stunden in Wasser weichen, danach abgetrocknet werden, in einer Sauce nach Wunsch mit etwas Öl mariniert werden und sich in einer Viertelstunde bei 180 Grad Umluft im Backofen gebacken leicht zu leckeren Stückchen unterschiedlichen Geschmacks verzaubern lassen.

Jan ist begeistert „Das ist wohl erst noch der Anfang.

Wenn ich sehe, wie lecker und toll das geht. Schade, dass andere für solche Produkte so viel Chemie einsetzen wollen. Es geht doch ganz ohne. Und wenn immer mehr Menschen solche Produkte probieren und essen können, dann werden nicht nur 4% weniger Fleisch gegessen, sondern das Doppelte." Olga malt sich schon im Geiste aus, wie sie ihre Kopenhagener Brunchgäste mit solchen Gerichten bezaubern kann und Mareike umarmt ihren Jan ziemlich zerknirscht. „Und ich dachte wirklich, man könne die Burger-Kunst mit irgendwelchen Geheimrezepten retten."

So kann man sich täuschen, aber damit kann man leben, wenn man danach merkt, dass die Wahrheit am Ende immer einfach und naheliegend ist.

Ein-herz-fuer-bio.org

Was kommt auf den Tisch? Es wird Zeit für den richtigen Plan B, den Plan P wie pflanzlich oder doch den alten Plan F wie Fleisch

Wenn es ums Essen geht, dann dürfen wir ruhig auch emotional sein, denn Essen ist die Erotik des Überlebens und Geschmack: Ein großes Staeck, vielleicht noch ein goldenes als Zeichen der Männlichkeit und ja dieses pappige vegane Zeug als Ausweis zickig-unreifer Weiblichkeit?

Oder die moralische Karte: Mitleid mit den süßen und eigentlich intelligenten Schweinchen und ihrem Schicksal und die Welt retten mit dem Versuch, auf Fleisch zu verzichten?

Wer heute nach einem guten Szenario für einen Horrorfilm sucht, muss nicht mehr wie früher auf brutale Schlachtszenen zurückgreifen, es reicht ein Schlachthof für Schweinefleisch und – das ist unbedingt nötig – das Eintauchen in das Leben der dort arbeitenden Menschen.

Die Angst vor einem immer noch nicht beherrschten Virus und die Angst vor dem eigenen ungewollten Tod machen plötzlich Nachdenken möglich. Und um es drastisch zu sagen: Wenn man sich Arbeitssklaven hält, die die Pest in die eigene nächste Umgebung einschleppen, weil sie gar keine Chance haben, dem zu entgehen, dann wird der Vorteil billiger Hilfskräfte zur Gefahr. Gerade in Mitteleuropa setzt sogar die Politik in Fällen wie Corona auf Einsicht und Besonnenheit aller Menschen. Das ist gut.

Aber wir sehen dabei gerade sehr deutlich, dass all die negativen Impulse wie Verzicht und Sich-etwas-versagen ihre Grenzen haben.

Wenden wir dies auf das Essen an. Menschen essen nicht nur mit dem Hirn und noch weniger allein mit dem moralischen Zeigefinger. Daher sollten bitte all diejenigen, die jetzt etwas anderes anstelle von Fleisch anbieten möchten, sich vor allem darum kümmern, dass solchen Angeboten locken und schmecken, damit nicht nur das Hirn sie mag sondern auch der Gaumen.

Gerade die Biobranche hat da einen wunden Punkt: Immer wieder gab es in den Angeboten eher Gesinnungsküche als Geschmack. Viele der Tofuangebote können ein Lied davon singen. Angebliche Lösungen aus Cashew-Masse aus Jackfruit und Tempeh singen in diesem Chor angeblicher Fleischalternativen mit. Dabei hat die Biobranche für diese neue Produktwelt neben dem Fleisch so viele tolle Zutaten aus Gewürzen, Gemüse und zum Beispiel Hülsenfrüchten.

Wir stehen heute an einem Punkt, wo es gerade mit Bioprodukten dem Markt gezeigt werden könnte: Mit einem echten Plan P wie lecker pflanzlich und aus guten Zutaten.

Für Protein-Profis aus der Biobranche und solche, die es werden möchten

Wer Material für pflanzliche Proteine sucht, hat es mit vielen Fragen zu tun. Welche durch Extrusion bearbeitete Produkte lassen sich zu guten, das heißt gut schmeckenden Gerichten und Produkten verarbeiten? Produkte aus Soja, Getreidegluten, Erbsen, Bohnen und Sonnenblumen stehen derzeit am Markt zur Verfügung. Der Umgang mit allen Produkturspüngen verlangt unterschiedliche Techniken: die Aromatisierung und die spätere Formung von Produkten gelingt nicht immer gleich gut.

Im Biobereich kommen weitere Überlegungen dazu: Wünschenswert ist, Produkte mit Rohware aus nachvollziehbaren Ursprungsländern und Verarbeitungsformen zu verwenden. Das setzt der Auswahl Grenzen und schafft eine zusätzliche Herausforderung. Will sagen, die Ware sollte vorzugsweise aus der Europäischen Union stammen und dort auch verarbeitet worden sein. Damit wird manche technisch interessant scheinende Lösung zur zweiten Wahl. Wer sich bereits länger mit diesen Fragen beschäftigt, bemerkt zudem, dass bei pflanzlichen Proteinen vieles durch den Ausgangsstoff bestimmt wird, fast genauso viel jedoch durch die Art der Be- und Verarbeitung. Aus pflanzlichen Proteinen lassen sich schier unendlich viele Produkte und Gerichte entwickeln. Die Herstellung bedarf viel Erfahrung und Vorstellungskraft: Soll das Endprodukt gekühlt, frisch oder lange haltbar sein? Welche Art von Proteingeschmack soll erreicht werden? Welche Geschmacksrichtung und Konsistenz soll das Endprodukt erfüllen?

Es ist oftmals nicht das Ziel, aus pflanzlichen Proteinen ein fleischähnliches Produkt in Geschmack und Aussehen zu schaffen, sondern ein Produkt zu entwickeln, das gelernten Gerichten und Geschmacksrichtungen entspricht und in diesem Sinne gut schmeckt. Es ist tatsächlich möglich, diesen Effekt ganz ohne Aromen, geheime Bindemittel und andere chemische Kunstgriffe zu erreichen. Erfahrung, unermüdliches Ausprobieren und Kenntnis aller Optionen sind hier gefragt. Mit diesen Themen beschäftigt sich die Foodexpertise GmbH seit vielen Jahren. Wer mehr wissen möchte, wende sich an:

kjholstein@foodexpertise.eu

Vegetarische Gerichte selbst zubereiten

Die Grundlage für unsere Rezepte ist Bio-Erbsenprotein mit einem Proteingehalt von gut 50 %. Der Vorteil dieses Materials ist, dass es ohne chemische Eingriffe hergestellt wird und im Prinzip aus normalen Hülsenfrüchten besteht.

Die berühmte Alternative zum bekannten Chili con Carne

Die Protein-Grundmischung wird in warmem Wasser, einem Schuß Zitronensaft sowie etwas Rote-Bete-Saft eingeweicht und später mit Chili, Tomate sowie italienischen Kräutern gewürzt. Die Stärke der Würze lässt sich nach Geschmack variieren. Zur Verfeinerung wird das Material mit angerösteten Zwiebeln sowie vorgekochten schwarzen Bohnen aus Glas oder Dose erhitzt und fertig. Schmeckt lecker mit Reis oder auch Baguette.

Ein leckeres Curry zu Reis oder Nudeln

Wir erwärmen das geschnetzelte Proteinmaterial in einer Mischung aus Hafermilch und Cocosmilch. Curry, etwas Sojasauce und Raz El Hanout sorgt für eine exotische Note. Dazu servieren wir Reis oder Nudeln, je nach Geschmack.

Mediterrane Beilage zu Nudeln oder Salaten

Das vegetarisches Protein in größeren Stücken legen wir für zwei Stunden in etwas warmem Wasser ein. Das Protein wird in ein Sieb gegeben und auf einem Küchentuch etwas abgetupft. Wir vermengen das vorgeweichte Material mit einem Schuss Tomatenpassata, einer italienischen Kräutermischung und Olivenöl und schauen, dass die Würze gut verteilt ist. Die Stücke garen wir bei mittlerer Hitze im Backofen.

Burger-Patties herzustellen verlangt einiges Können

Die trockene Proteinmischung benötigt zur Vorbereitung Gewürze wie Koriander, Paprika, schwarzer Pfeffer, Zwiebel, Salbei und Kreuzkümmel sowie Flohsamenschalen zum Binden. Für Farbe und Geschmack eine Mischung aus roter Karotte, Rote Bete und Tomate und Zitronensaft.

Die vorbereiteten feuchten Bestandteile werden gründlich eingearbeitet und mit Wasser soweit aufgefüllt, bis die aromatisierende Mischung die Protein- stücke rundum erreichen kann. Nach gut 10 Miuten entfalten die Flohsamen- schalen ihre Wirkung und sorgen für die Bindung der Mischung.

Ein wichtiger Zwischenschritt: die Hälfte des Materials wird in der Küchen- maschine in kleinere Teile zerkleinert und wieder untergemischt.

Um die Mischung mit dem Patty Former gut weiterverarbeiten und gleich anbraten zu können, wird pro 100 g Mischmaterial 1 EL Rapsöl zugegeben und untergemengt.

Die Patties in einer beschichteten Pfanne – ohne zusätzliches Öl – bei mittlerer Hitze anbraten. Schmeckt als Low-Carb-Variante auch ohne Burger Bun zu buntem Blattsalat.

Erbsenprotein ist im Handel in verschiedenen Formen erhältlich. Die Verwendungsmöglichkeiten in Größe, Farbe und Geschmack sind sehr vielfältig...

Der Autor

Schreiben gehört beruflich wie privat zum Leben von
Dr. Klaus-Jürgen Holstein als Journalist, Werbetexter
und seit Jahrzehnten Schreibender genau wie die
Themen Bio und Lebensmittel. Logischerweise ist er
auch in allen sozialen Netzwerken zu finden und
immerhin seit etwa fünfzehn Jahren schon regelmäßig
unter
www.ein-herz-fuer-bio.org

Die Absicht der Reihe @LostPostings – auch im Netz
unter www.lostpostings.org   zu finden – ist es
Themen und Gedanken in einer unterhaltsamen Form
zu verbreiten.

In der Reihe @LostPostings bereits erschienen

Wir Besseresser

Vegan, glutenfrei & flexi

ISBN 9783749432288

Paris – Hamburg
ISBN 978-3-7528-2811-5

Wie das Leben schmeckt
ISBN 978-3-7528-8462-3

Dieses Buch ist all den faszinierenden Begegnungen mit Menschen, Entdeckungen, Zutaten und Lebensmitteln gewidmet, denen ich auf der Suche nach einer guten Ernährung und neuen Rezepten begegnet bin, all denen, die an neue Möglichkeiten glauben. Und ja, es ist auch dem Erlebnis der Corona-Krise gewidmet, die uns allen wie ein schwerer Stein vor die Füße fiel und zum Beispiel gezeigt hat, wieviel echte Kontakte zwischen Menschen wert sind, welche tragende Rolle inzwischen auch der Kontakt zwischen Menschen quer durch Europa spielt und wieviel auch eine gute Gesundheit durch sinnvolles Essen bedeutet.

Bedingt durch die aktuelle Krise sehnen sich die Menschen nach Begegnung und Kontakt. Vielleicht lehrt der zeitweise Verzicht darauf aber auch, dass mit Reisen, Kontakten und Treffen etwas sorgsamer umgegangen sind: Für Authentizität, Wärme und Nähe unumgänglich – jedoch für einen puren Zerstreuungszirkus, für Sich-bespassen-lassen ist es sicher gut, über manche Form von Reisen neu nachzudenken. Das ist immer die schwerste Lehre für Menschen, dieses „Nicht alles ist möglich." Aber mir persönlich liegt dabei der erhobene Zeigefinger aus gutem Grund ferne.